Albers/Broux · Zukunftswerkstatt und Szenariotechnik

Olaf Albers/Arno Broux

Zukunftswerkstatt und Szenariotechnik

Ein Methodenbuch für Schule und Hochschule

Herausgegeben von Peter Thiesen

Beltz Verlag · Weinheim und Basel

Die Autoren

Olaf Albers, Jg. 1954, Diplompädagoge, Dozent an der Fachschule für Sozialpädagogik in Neumünster und an der Christian-Albrechts-Universität Kiel. Trainer und Berater in der beruflichen Weiterbildung.

Arno Broux, Jg. 1963, Diplomsozialpädagoge, Diplompädagoge, 2. Staatsexamen für berufsbildende Schulen. Dozent an der Fachschule für Sozialpädagogik des Kreises Plön.

Der Herausgeber

Peter Thiesen, Jg. 1952, Diplomsozialpädagoge, langjähriger Lehrbeauftragter an der Fachhochschule Kiel, 2. Staatsexamen für berufsbildende Schulen. Dozent an der Fachschule für Sozialpädagogik in Lübeck. Autor und Herausgeber zahlreicher Standardwerke zur Spiel- und Sozialpädagogik.

Alle Rechte, insbesondere das Recht der Vervielfältigung und Verbreitung sowie der Übersetzung, vorbehalten. Kein Teil des Werkes darf in irgendeiner Form (durch Fotokopie, Mikrofilm oder ein anderes Verfahren) ohne schriftliche Genehmigung des Verlages reproduziert oder unter Verwendung elektronischer Systeme verarbeitet, vervielfältigt oder verbreitet werden.

http://www.beltz.de

Gesetzt nach den neuen Rechtschreibregeln
Druck nach Typoskript
Lektorat: Peter E. Kalb

© 1999 Beltz Verlag · Weinheim und Basel
Herstellung: Lore Amann
Text und Gestaltung: Olaf Albers, Kiel
Druck: Druckhaus Beltz, Hemsbach
Umschlaggestaltung: Federico Luci, Köln
Printed in Germany

ISBN 3-407-62385-2

Inhaltsverzeichnis

Vorwort des Herausgebers		7
1	Über Grenzen hinaus denken	9
2	Was ist eigentlich eine Zukunftswerkstatt / eine Szenariotechnik?	11
3	Gefühle, Motive, weiterführende Gedanken	13
4	Warum gerade die Methode »Zukunftswerkstatt« / »Szenariotechnik«?	16
4.1	Gesellschaftliche Chancen von Zukunftswerkstätten	16
4.2	Schule und Ausbildung neu denken – Bildungspolitik in der Offensive	17
4.3	Berufliche Anforderungen und Qualifikationen	20
5	Zukunftswerkstatt in der »Theorie«	22
5.1	Vorbemerkung	22
5.2	Zur »Philosophie«	23
5.3	Werkstattarbeit: Ort für ganzheitliche Lernprozesse	26
5.4	Ablauforganisation von Zukunftswerkstätten	28
5.4.1	Günstige Rahmenbedingungen herstellen	29
5.4.2	Vorbereitungen der Moderator/innen	30
5.4.3	Orientierungsphase	31
5.4.4	Kritikphase	32
5.4.5	Phantasie- und Utopiephase	34
5.4.6	Umsetzungsphase	36
5.4.7	Nachbereitungen	37
5.4.8	Hinweise, Knackpunkte, Tipps	38
6	Zukunftswerkstatt in der Praxis	42
6.1	Ablauforganisation	42
6.1.1	Vorbereitungen	43
6.1.2	Orientierungsphase	44
6.1.3	Kritikphase	46
6.1.4	Phantasie- und Utopiephase	49
6.1.5	Umsetzungsphase	53
6.2	Fazit	55

7	**Die Szenariotechnik in der »Theorie«**	57
7.1	Zur Entstehung der Szenariomethode	57
7.2	Begriff und Definition der Szenariomethode	57
7.3	Merkmale und Eigenschaften der Szenariotechnik	58
7.4	Die Phasen der Szenariotechnik	60
7.4.1	Problemanalyse	61
7.4.2	Einflussanalyse	61
7.4.3	Deskriptorenanalyse	63
7.4.4	Entwicklung zweier Extremszenarien sowie eines Trendszenarios	64
7.4.5	Entwicklung von Strategien und Maßnahmen zur Problemlösung	64
8	**Die Szenariotechnik in der Praxis**	66
8.1	Zum Ablauf	66
8.1.1	Vorbereitung	66
8.1.2	Problemanalyse	68
8.1.3	Einflussanalyse	69
8.1.4	Deskriptorenanalyse	71
8.1.5	Entwicklung der Extremszenarien	72
8.1.6	Entwicklung von Strategien und Maßnahmen zur Problemlösung	75
8.1.7	Nachbereitung	76
8.2	Fazit	76
9	**Zum Schluss**	78
10	**Literaturhinweise und Empfehlungen**	79
11	**Anhang »Werkzeugkasten«**	82

Vorwort des Herausgebers

Es ist bekannt, dass durch Nachdenken allein unsere geistige Kapazität nicht ausreichend genutzt wird. Es ist auch hinlänglich bekannt, dass eine gute Planung den Weg zum Ziel verkürzt. Dies gilt für alle Lern-, Berufs- und Lebensbereiche. Wer in Schule, Beruf und Privatleben nicht nur reagieren, sondern agieren will, muss kreativ sein. Auf der Suche nach geeigneten Lernmethoden für Schüler/innen, Studierende und Auszubildende stößt man unweigerlich auf die Arbeitsformen »Zukunftswerkstatt« und »Szenariotechnik«. Beide Methoden bieten Lernenden die Möglichkeit, ungewöhnliche Ideen zu entwickeln, eigene Fantasien und kreative Potenziale zu entfalten und umzusetzen, angstfrei mit Problemen umzugehen und institutionelle wie personale Sachzwänge zu überwinden.

Zukunftswerkstatt und Szenariotechnik bedienen sich dabei verschiedener Arbeitsformen, Lerntechniken und Methoden wie Visualisierung, teilnehmerorientierter Moderation, Brainstorming, Interaktions- und Rollenspiel und dem Einsatz von Medien. Zukunftswerkstatt und Szenariotechnik regen an zum selbstorganisierten Lernen, eigenverantwortlichen Handeln und Reflektieren, zum Experimentieren und Erfahrungslernen im Team. Gleich, ob die Lernenden eher rein intellektuellen, visuellen, auditiven oder haptischen Lerntypen entsprechen, die beiden Lernmethoden machen Lernorte zu »Erfahrungsorten«, in denen Kompetenzen durchaus lustbetonter als im konventionellen Fachunterricht erworben werden und Schule ein Stück freundlicher erlebbar machen.

Peter Thiesen

Das Motto dieses Buches: Einfach loslegen...!

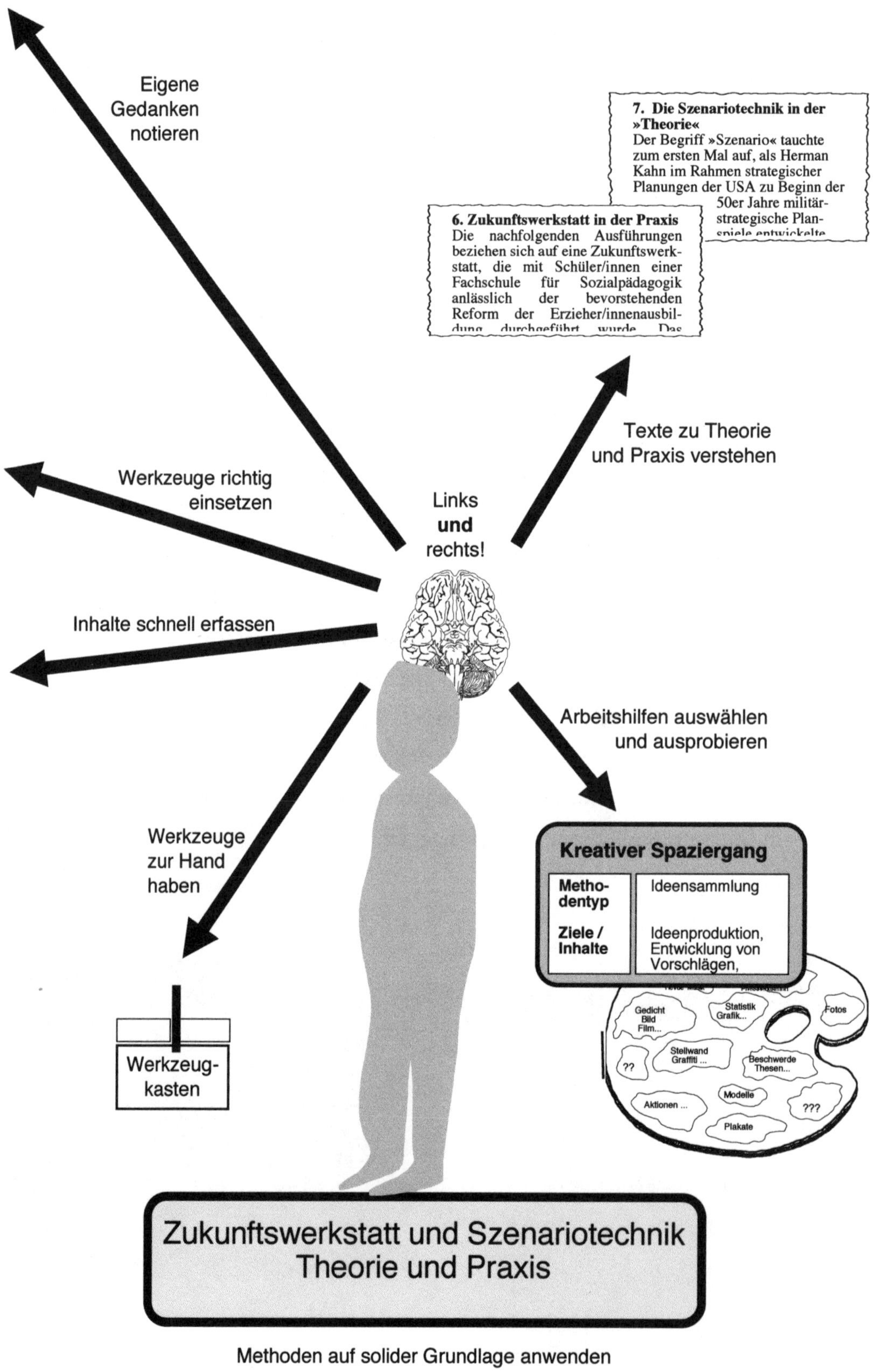

Eigene Gedanken notieren

Phasenschema

Werkzeuge richtig einsetzen

Links und rechts!

Dies ist eine Randbemerkung

Inhalte schnell erfassen

7. Die Szenariotechnik in der »Theorie«
Der Begriff »Szenario« tauchte zum ersten Mal auf, als Herman Kahn im Rahmen strategischer Planungen der USA zu Beginn der 50er Jahre militärstrategische Plan-

6. Zukunftswerkstatt in der Praxis
Die nachfolgenden Ausführungen beziehen sich auf eine Zukunftswerkstatt, die mit Schüler/innen einer Fachschule für Sozialpädagogik anlässlich der bevorstehenden Reform der Erzieher/innenausbildung durchgeführt wurde. Das

Texte zu Theorie und Praxis verstehen

Arbeitshilfen auswählen und ausprobieren

Werkzeuge zur Hand haben

Werkzeugkasten

Kreativer Spaziergang

Methodentyp	Ideensammlung
Ziele / Inhalte	Ideenproduktion, Entwicklung von Vorschlägen,

Gedicht Bild Film... · Statistik Grafik... · Fotos · Stellwand Graffiti... · Beschwerde Thesen... · ?? · Aktionen... · Modelle · ??? · Plakate

Zukunftswerkstatt und Szenariotechnik Theorie und Praxis

Methoden auf solider Grundlage anwenden

1. Über Grenzen hinaus denken

Zwei Pädagogen dachten über aktuelle und zukünftige konzeptionelle und inhaltliche Probleme von Bildung und Ausbildung nach. Punkt für Punkt verglichen sie ihre Auffassungen und tauschten ihre Argumente aus, getreu ihrer gewohnten Regeln und Prinzipien. Doch im Augenblick sahen sie keinen Ausweg – die Karre schien festgefahren, steckte im Dreck. Da kam ein Wanderer des Wegs, malte mit einem Stock neun Punkte in den Sand und sagte: »Verbindet diese neun Punkte durch vier zusammenhängende Geraden.«

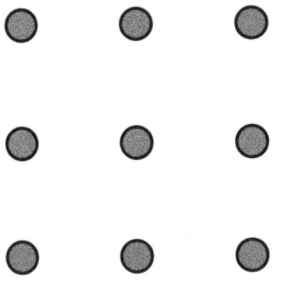

Die beiden Pädagogen versuchten es, bis ihnen der Kopf rauchte und die Finger schmerzten. Doch sie kamen nicht zurande. So sehr sie sich auch anstrengten, die Lösung blieb ihnen verborgen.

Der Wanderer beobachtete dies und sprach zu den beiden: »Das ist euer Problem. Die Aufgabe ist nicht zu lösen, wenn ihr immer nur innerhalb der festen, bekannten Positionen denkt und das System nicht verlasst. Denkt über die Grenzen hinaus ...«
Und er setzte sich auf den Boden und zog gelassen die vier Linien ...

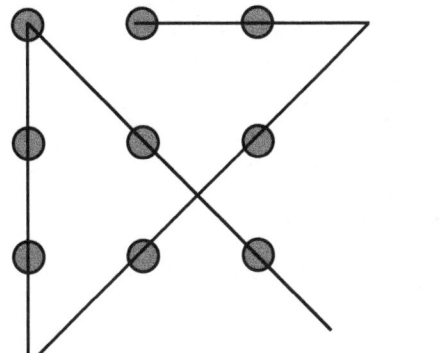

(Nach einer Idee von G. Koch und P. Watzlawick et al.)

So oder zumindest so ähnlich geht es derzeit vielen Personen, die als Lehrer/innen, Dozent/innen mit Bildungs- und Erziehungsaufgaben befasst sind und vor einem Berg von Problemen stehen. Einen Königsweg, ein absolut sicheres Rezept, um aus dieser Malaise herauszukommen, gibt es wohl nicht. Was jedoch existiert, das sind

Methoden, die die ausgetretenen Pfade althergebrachten Lernens in Schule und Hochschule verlassen. Methoden, die darauf setzen, dass die Lernenden bereit und in der Lage sind, neue Wege auszuprobieren, sich aktiv in Lösungsprozesse einzuschalten und dabei vorhandene Fähigkeiten, Fertigkeiten und Wissen einzubringen oder ggf. weiter zu entwickeln. Zwei dieser Methoden sind die »Zukunftswerkstatt« und die »Szenariotechnik«. Wie mit diesen Werkstatt-Methoden erfolgreich und effizient in Schule und Hochschule gearbeitet werden kann, wird in diesem Buch aufgezeigt.

- Zu Beginn wird in die Begriffe »Zukunftswerkstatt« und »Szenariotechnik« kurz eingeführt (Kapitel 2). Motive und weiterführende Gedanken der Autoren zum Einsatz der Methoden offenbaren sich in Kapitel 3.
- Kapitel 4 liefert eine Antwort auf die Frage, warum gerade heute »Zukunftswerkstatt« und »Szenariotechnik« geeignete und notwendige Methoden für Schule und Hochschule sind.
- Die zu Grunde liegenden Theorien (im weitesten Sinne) der beiden Methoden werden jeweils in Kapitel 5 und 7 so vorgestellt, dass ein Transfer der entscheidenden Elemente für eigene Werkstatt-Projekte direkt abgeleitet werden kann.
- Schließlich wird in den Kapiteln 6 und 8 an zwei Beispielen veranschaulicht, wie die Autoren die Methoden in die Praxis umsetzen. Dieses geschieht so konkret, dass jeder Schritt unmittelbar nachvollzogen werden kann und zur Nachahmung motiviert.
- Die im Rahmen von »Zukunftswerkstatt« und »Szenariotechnik« verwendeten Hilfsmittel, Methoden, Instrumente, Spiele, Übungen und Medien, die sozusagen das »Handwerkszeug« für die Werkstattarbeit bilden, sind in Kapitel 11 als **»Werkzeugkasten«** zusammengefasst und werden dort ausführlich beschrieben. Eine Matrix hilft bei der Auswahl und Zuordnung dieser Elemente zu den verschiedenen Phasen der Werkstattarbeit. Zusätzlich wird im Text durch nebenstehendes Symbol und Seitenangabe auf das entsprechende Element im Werkzeugkasten hingewiesen.

Alle Materialien sind so aufbereitet, dass sie unmittelbar herauskopiert und für die eigene Arbeit weiterverwendet werden können.
- Darüber hinaus enthalten die Quellennachweise und Literaturempfehlungen ergänzende Vorschläge für die Arbeit mit beiden Methoden.
- Leser/innen, die in Gedanken schon die Ärmel hochkrempeln und am liebsten gleich mit der praktischen Erprobung loslegen wollen sei empfohlen, sich ohne Umschweife mit den Kapiteln zur Theorie und Praxis der beiden Werkstatt-Methoden zu beschäftigen und sich im Werkzeugkasten zu bedienen!

2. Was ist eigentlich eine Zukunftswerkstatt, eine Szenariotechnik?

Zukunftswerkstatt

In der Fachwelt wird der Gebrauch des Begriffs »Zukunftswerkstatt« sehr unterschiedlich gehandhabt. Das Spektrum reicht unter anderem von Lernwerkstatt, Problemlöse- und Ideenfindungswerkstatt, Prognosewerkstatt, Strategiewerkstatt bis hin zur Kommunikationswerkstatt. Um in diesem Kontext möglichen Missverständnissen vorzubeugen, soll den weiteren Ausführungen die folgende Definition und eine kurze Beschreibung wesentlicher Elemente vorangestellt werden:

Zukunftswerkstatt wird hier als Methode verstanden, die sich im Rahmen einer bestimmten Fragestellung um Ideensammlungen und Problemlösungen bemüht. Dabei werden drei Schritte vollzogen:

1. **Kritikphase**
   Die Teilnehmer/innen machen eine kritische Bestandsaufnahme im Rahmen einer vorliegenden Problem- oder Fragestellung.
2. **Phantasie- und Utopiephase**
   Gegründet auf Wünsche, Hoffnungen, Utopien werden positive Lösungsvorstellungen entwickelt.
3. **Umsetzungsphase**
   Aus der kritischen Bestandsaufnahem und den positiven Entwürfen der Phantasie- und Utopiephase leiten die Teilnehmer/innen erste praktische Schritte für eine Verwirklichung ihrer Vorstellungen ab.

Phasenschema Zukunftswerkstatt

Szenariotechnik

Die Szenariotechnik ist eine Methode, mit deren Hilfe isolierte Vorstellungen über positive und negative Veränderungen einzelner Entwicklungsfaktoren in der Zukunft zu umfassenden Bildern und Modellen, d.h. zu möglichen und wahrscheinlichen Zukünften zusammengefasst werden und die sowohl sinnlich als auch intellektuell nachvollziehbar sind. Szenarien sind also weder Prognosen, bei denen auf quantitative Informationen aus Gegenwart und Vergangenheit zurückgegriffen wird und unter Fortschreibung der geltenden Strukturen und Verhaltensannahmen Extrapolationen in die Zukunft erfolgen, noch realitätsferne Utopien. Mit der Szenario-

technik werden vielmehr quantitative Daten und Informationen mit qualitativen Informationen, Einschätzungen und Meinungen verknüpft, sodass als Ergebnis detaillierte Beschreibungen einer bzw. mehrerer möglichen Zukunftssituationen unter ganzheitlichem Aspekt entstehen. Es werden in der Regel drei Grundtypen von Szenarien entwickelt:

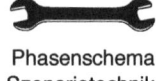

Phasenschema Szenariotechnik

1. Ein positives Extremszenario:
Es bezeichnet die günstigstmögliche Zukunftsentwicklung.

2. Ein negatives Extremszenario:
Es bezeichnet den schlechtestmöglichen Entwicklungsverlauf.

3. Ein Trendszenario:
Es beinhaltet die Fortschreibung der heutigen Situation in die Zukunft.

Zur »Philosophie« von Zukunftswerkstätten und Szenariotechnik gehört, dass für alle Teilnehmer/innen die Möglichkeit bestehen soll,

- angstfrei und mit grenzenloser Phantasie über Fragen, Probleme, Visionen nachzudenken;
- neue Impulse, Ideen, Verbesserungsvorschläge oder soziale Erfindungen zu entwickeln;
- kreative Potenziale hinsichtlich neuer Vorschläge und Forderungen zu entfalten und zu nutzen und
- vorhandene Ohnmachtsgefühle gegenüber »mächtigeren« Institutionen, Personen oder Sachzwängen zu überwinden.

Der Geist, die Stimmung und die verwendeten Methoden beeinflussen wesentlich den Erfolg bzw. Misserfolg der Werkstattarbeit.

Als **Methode** zeichnen sich Zukunftswerkstätten und Szenariotechniken aus durch die Verwendung von

- Visualisierungsverfahren: Ergebnisse, Vorschläge, Anregungen werden wortwörtlich oder bildhaft festgehalten und für alle zugänglich gemacht.
- Kreativtechniken: Variationen über Brainstorming-Verfahren.
- Teilnehmerorientierten Moderationsmethoden: Inhaltliche Beiträge der Teilnehmer/innen werden auf Kärtchen oder Zetteln festgehalten, veröffentlicht und unter der Leitung von Moderator/innen diskutiert und ausgewertet.
- Ganzheitlichen Methoden und motivierenden Medien: Spiele, Rollenspiele, Malen von Bildern, Bewegung, Übungen zum Gruppenklima, Bücher, Einsatz von Videotechnik, Wandzeitungen, Plakate.
- Strategien zur Herstellung einer lockeren, optimistischen Atmosphäre: Spiele und Übungen zur Phantasielockerung, gezielte Einflussnahme auf das Gruppenklima, geeignete Rahmenbedingungen (gestaltete Räume, Pausen, Essen...).
- Logisch aufeinander aufbauenden Schrittfolgen.

3. Gefühle, Motive, weiterführende Gedanken ....

Die Entscheidung, mit den Methoden Zukunftswerkstatt und Szenariotechnik zu experimentieren und zu arbeiten, ist das Ergebnis sehr unterschiedlicher Überlegungen, Motive und der vielfachen Erfahrung, hier endlich zwei Methoden in den Händen zu haben, die sowohl beim Lernenden als auch beim Lehrenden (der hier endlich Berater und Moderator von Lernprozessen sein kann) ein hohes Maß an Zufriedenheit auslösen.

Aus der im Bewusstsein präsenten Spitze dieses Eisbergs an Gedanken, Gefühlen und Motiven ragen folgende Punkte besonders heraus:

Situation in Bildung und Ausbildung heute

Bildung und Ausbildung befinden sich im Umbruch. Neue Konzepte öffnen Spielräume für eigene Ideen, Schwerpunktsetzungen, Verbesserungen, Profilentwicklung usw. Das Nachdenken (im Sinne einer Bestandsaufnahme) und Vorausdenken von neuen Wegen sollte daher die Vorstellungen und Wünsche »unserer Kunden«, also die Schüler/innen, Auszubildenden und Studierenden, mit einbeziehen. Die Methode Zukunftswerkstatt, angelegt als Ideen- und Problemlösewerkstatt, bietet hier gleich mehrere Chancen:

- Rückmeldungen zur bestehenden Institution einholen: Wie werden die Schulverwaltung, die Lehrkräfte, die Ausbildung, die Schule und Hochschule als Ort u.Ä. derzeit gesehen?
- Räume für Partizipation und Einflussnahme anbieten – die Betroffenen zu Beteiligten machen.
- Diskussionen über geplante Reformen entfachen. Impulse, Anregungen und Kritik als zusätzlichen Schub für die aufkeimende Aufbruchstimmung nutzen.

Betroffene zu Beteiligten machen

Experimentierfreude

Zukunftswerkstatt und Szenariotechnik machen Spaß und motivieren zum Experimentieren. Innerhalb der einzelnen Phasen existieren bei der Gestaltung per Moderation (Steuerung der Problemlöse- und Ideenfindungsschritte im Plenum und in der Kleingruppe durch einen Methodenfachmann) und Metaplantechniken (alle Teilnehmer/innenbeiträge werden schriftlich auf Kärtchen festgehalten, gemeinsam

Spielräume für ganzheitliches Lernen schaffen und nutzen.

geordnet und bewertet) enorme Spielräume für ganzheitliche Verknüpfungen sehr verschiedener Elemente: Kreative Arbeitstechniken, Körperübungen, Spiele, unterschiedliche Sozialformen u.Ä. sind möglich und sorgen für einen Wechsel von Spannung und Entspannung. Es »brennt die Luft« – die Arbeitsatmosphäre ist angenehm und produktiv zugleich.

Aktivierung

Die Arbeit mit Moderations- und Metaplantechniken bewirkt einen hohen Beteiligungsgrad der Teilnehmer/innen. Zusätzlich werden ihre kreativen Potenziale bei der Bearbeitung von Fragestellungen, der Präsentation von Ergebnissen und der Weiterentwicklung/Umsetzung von Ideen gefördert und gefordert.

Methodentraining

Moderatorenfunktionen üben!

Der offene Charakter von Zukunftswerkstätten und Szenariotechnik impliziert, dass die Moderator/innen ihr methodisches Spektrum, ihren Handlungsspielraum ständig erweitern. Fehler und Erfolge im Umgang mit ganz unterschiedlichen Methoden werden zur Quelle hilfreicher Lernerfahrungen für die Gestaltung weiterer Werkstattarbeit.

Zusätzlich wird den Teilnehmer/innen qua Selbsterfahrung die Möglichkeit gegeben, die Elemente von Zukunftswerkstatt bzw. Szenariotechnik kennen zu lernen und, bei entsprechender Vermittlung, diese später selbst anzuwenden.

Dokumentation der Methode und der Ergebnisse

Eine ansprechende Dokumentation ist zugleich auch ein Stück Werbung für die Methoden Zukunftswerkstatt und Szenariotechnik. Über die Verbreitung der Ergebnisse innerhalb von Schule/Hochschule lassen sich Nachahmer und Multiplikatoren finden.

Werbung nach Innen und Außen.

Positive Wirkungen nach außen, z.B. in Richtung Öffentlichkeit, Bildungsministerium, Lehrerfortbildung, sind ebenso willkommen.

Pragmatische Aspekte

»Last but not least« geht es auch um pragmatische Aspekte bei der Gestaltung von Unterricht oder Seminaren. So bietet die Durchführung z.B. einer dreitägigen Zukunftswerkstatt (oder Szenariotechnik) eine Reihe von Vorteile:

- Der zeitliche Rahmen ist meist klar definiert.
- Die Art Durchführung ermöglicht und fordert zugleich ein klares »Werkstattdesign«.
- Organisatorische »Störfaktoren« lassen sich ausschalten bzw. kontrollieren.
- Die Methode selbst erzeugt in der Regel ein hohes Maß an Motivation bei den Teilnehmer/innen.
- Jede Phase einer Zukunftswerkstatt (Szenariotechnik) bietet eine Vielzahl von Ansatzpunkten für Reflexion und Selbstreflexion und fördert so gemeinsame Lernprozesse.

Dabei ist es völlig unerheblich, ob es im Rahmen der Werkstattarbeit um »Die Zukunft des Autoverkehrs in unserem Stadtteil«, »Die Inbetriebnahme eines Radiosenders für Schüler/innen«, »Die Zukunft unseres Lebens auf dem Planeten Erde« oder »Die Gründung einer Elterninitiative für einen Kindergarten« geht.

Den schulischen Alltag durchbrechen, neue Wege gehen.

4. Warum gerade die Methode »Zukunftswerkstatt« / »Szenariotechnik«?

4.1. Gesellschaftliche Chancen am Beispiel von Zukunftswerkstätten

In dem Buch »Zukunftswerkstätten«, das mittlerweile zu den Klassikern zählt, schreiben die Autoren Robert Jungk und Norbert R. Müllert (1994, S. 9):

»Die Verschärfung der Krisen, vor allem der Umweltkrise, sowie die Häufung von Pannen und Katastrophen aller Art lassen viele Betroffenen darüber nachdenken, wie sie dazu beitragen können, sich gegen den drohenden Untergang zur Wehr zu setzen. Hier bietet sich die Methode der »Zukunftswerkstatt« an – als eine Möglichkeit verstärkter konstruktiver Mitwirkung bei der Lösung bedrängender Probleme. Das Versagen der grandiosen Zukunftsvisionen des Kapitalismus, des Sozialismus, der Technokratie, des Sozialstaats und der Weltreligionen führte dazu, dass dezentrale, lokale und regionale Konzepte der Selbstbestimmung und Selbsthilfe als schneller erreichbar und durchsichtbarer für alle bekannt geworden sind.«

Mit Zukunftswerkstätten die Apathie überwinden und selbstbestimmt Problemlösungen anstreben.

Für Jungk und Müllert schließen Zukunftswerkstätten eine entscheidende Lücke im demokratischen System. Statt partizipatorischer (Schein-)Diskussionen, die meist erst auf den Druck der Öffentlichkeit (Bürgerforen, Bürgerinitiativen u.a. Widerstandsbewegungen) hin veranstaltet werden, um bereits geplante bauliche, technische oder wirtschaftliche Veränderungen dann per Salamitaktik »abzusegnen«, fordern die Autoren eine Beteiligung der Betroffenen von Anfang an – oder, falls dieses nicht möglich sein sollte, effektivere Formen der Selbstorganisation, um die eigenen Zukunftsvorstellungen gegenüber den Prognosen und Projekten der Mächtigen adäquat artikulieren zu können. Denn: »(...) in welchen Gesprächskreisen, Alternativgruppen, Vereinigungen, Interessenverbänden, Institutionen können die Bürger, die Bauern, die Arbeiter und Angestellten ihre eigenen Konzepte für künftige lebenswerte, menschenwürdige Zustände ebenso weit vorausentwerfen, wie Staat und Industrie?« (ebd. S. 13)

Die Zukunft gehört allen und ihre Gestaltung benötigt einen Rahmen, der Wünsche, Hoffnungen, Ideen, Verbesserungsvorschläge und Impulse deutlich sichtbar werden lässt und von den Beteiligten als Sprachrohr genutzt werden kann. In diesem Sinne werden Zukunftswerkstätten auch zum Ausdruck eines tieferen Demokratieverständnisses, das vor allem das Interesse am Gemeinsamen innerhalb einer Gesellschaft belebt.

Demokratie lernen.

Im Zentrum der Arbeit mit der Methode Zukunftswerkstatt steht die Entwicklung sozialer Phantasie zwecks Problemlösung und die Umsetzung ihrer Ergebnisse. Dabei liegt die einfache Annahme zu Grunde, dass die Teilnehmer/innen selbst ausreichende Ideenpotenziale oder Problemlösungskompetenzen in eine Zukunftswerkstatt mit einbringen und dort entfalten bzw. sich im Laufe einer Werkstatt zu Fachleuten für die anstehenden Fragen entwickeln können.

Vom engagierten Laien zum kompetenten Problemlöser.

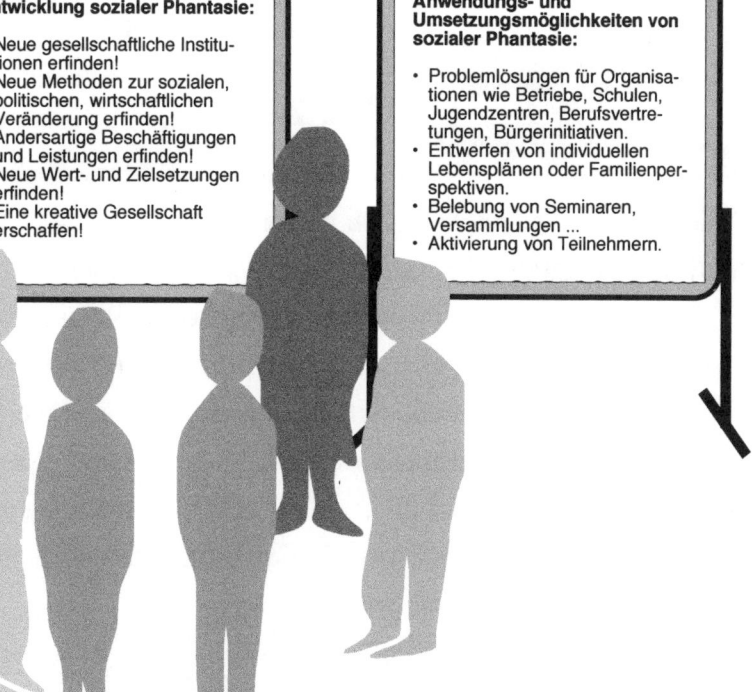

Soziale Phantasien entwickeln und umsetzen.

Soziale Phantasien entwickeln.

4.2. Schule und Ausbildung neu denken – Bildungspolitik in der Offensive

»Die Schule neu denken« ist die programmatische Formel, mit der H.v. Hentig schon in den 80er-Jahren mit dem gleichnamigen Buch auf notwendige Veränderungen innerhalb von Schule und Ausbildung hingewiesen hat. Eine Pädagogik, die nicht nur Partizipation, sondern auch offene Lernformen in ihren Fokus rückt, benötigt im Rahmen der bestehenden institutionellen Strukturen mehr Freiheitsgrade und größere Spielräume. Dass die Bildungspolitik auf Bundes- und Länderebene hier in

Denkschrift »Schule der Zukunft« von 1995.

> Manager, Wissenschaftler und Gewerkschafter entwickeln Zukunfts-Vision
>
> **Die Schule soll Erfahrungsraum werden ...**
>
> (...) Kernidee ist die Umgestaltung der Schule zu einem lebendigen, anregungsreichen Lebens- und Erfahrungsraum für Jugendliche. Dabei soll die bisherige primäre Orientierung am Fachunterricht überwunden werden (...)
>
> (Ausriss aus den Kieler Nachrichten vom 9.10.95)

Bewegung geraten ist, zeigen die aktuellen Diskussionen (siehe Zeitungsausriss/Denkschrift für eine »Schule der Zukunft« – Auftraggeber das Land Nordrhein-Westfalen), Modellversuche und auch bereits etablierte neue Lernkonzepte und -formen. Stellvertretend dazu seien hier als Stichworte genannt: Autonomie, Reform des dualen Systems, Lernort offene Schule, Beratung statt Schulaufsicht, Aufhebung des Beamtenstatus, neue Arbeitszeitregelung für Lehrer, Aktion Humane Schule, Reform der Erzieher/innenausbildung, Lernwerkstätten, Hochschulzugang ohne Abitur u.a.m.

Bezogen auf die Situation der beruflichen Schulen fordert beispielsweise M. Marwede (1994, S. 20) im Hinblick auf eine angemessene Realisierung schulgesetzlicher Bestimmungen: »Dieses Verständnis von Bildung wird von einem Menschenbild getragen, dass Schülerinnen und Schüler Fähigkeiten entwickeln können, selbst und in Eigenverantwortung Lernprozesse steuern zu können. Ausgangspunkt für unterrichtliche Entscheidungen ist in der Berufsschule deshalb das Bemühen, Lernsituationen so zu organisieren, dass Auszubildende mehr Chancen erhalten, sich
– durch eigenverantwortliches Handeln,
– durch kritische Ziel- und Ergebnisreflexion,
– durch Entwicklung alternativer Handlungswege und
– durch Erfahrungslernen im Team
zu einer selbstbewussten Persönlichkeit zu entwickeln.

Dieses Grundverständnis erfordert mehr »pädagogische Professionalität« bei den Lehrkräften und mehr Zeit für die Lernenden, damit die in jedem Menschen vorhandenen »Selbstorganisationskräfte« freigesetzt und für Lernprozesse nutzbar gemacht werden können (...) Dabei kommt es u.a. auch darauf an, dass Lehrkräfte lernen müssen, den Schülern Selbstvertrauen zu geben, Mut zu machen und ihnen zu ermöglichen, ihre Lernprozesse selbst zu organisieren.«

Die hier angestrebten fach- und berufsübergreifenden Qualifikationen (Schlüsselqualifikationen) erfordern besondere Lehr- bzw. Unterrichtsformen, neu gestaltete Lernumgebungen und sicher auch speziell dafür geeignete Unterrichtssituationen. Sie können nicht wie fachliche Inhalte einfach gelehrt, beigebracht oder bei den Schüler/innen und StudentInnen durchgesetzt werden – so wird beispielsweise individuelle Sozialkompetenz nicht durch mehr Wissen über Sozialkompetenz erweitert. Noch einmal M. Marwede (1994, S. 26f): »Durch die ›Bewältigung‹ einer komplexen (mehrdimensionalen) Aufgabenstellung erhält der Schüler Chancen, eben diese Schlüsselqualifikationen ›zu erwerben‹ (bei sich herauszufordern) oder weiter auszubauen. Dies geschieht sowohl in geplanten wie in nicht geplanten Schlüsselsituationen, in denen die Schüler Schlüsselerlebnisse haben können, die ihre Schlüsselqualifikationen erweitern (...) Dabei unterstellen wir, dass letztlich nur der Schüler durch seine Einlassung auf diese besondere Situation entscheidet, ob sich diese Unterrichtssituation zu einer Schlüsselsituation öffnet und somit die Erweiterung individuell angelegter Schlüsselqualifikationen ermöglicht. Den Lehrkräften fällt dabei die nicht einfache Aufgabe zu, durch Moderation und Kommunikation die Bereitschaft der Schüler zu gewinnen, sich auf die neuen Situationen im Unterricht einzulassen, wodurch sie die Chance erhalten, ihre eigene Entwicklung aktiv wahrzunehmen.«

Folgebereitschaft statt Teilnahmepflicht.

Der Kanon wünschenswerter Schlüsselqualifikationen könnte z.B. folgende Fähigkeiten und Fertigkeiten umfassen:

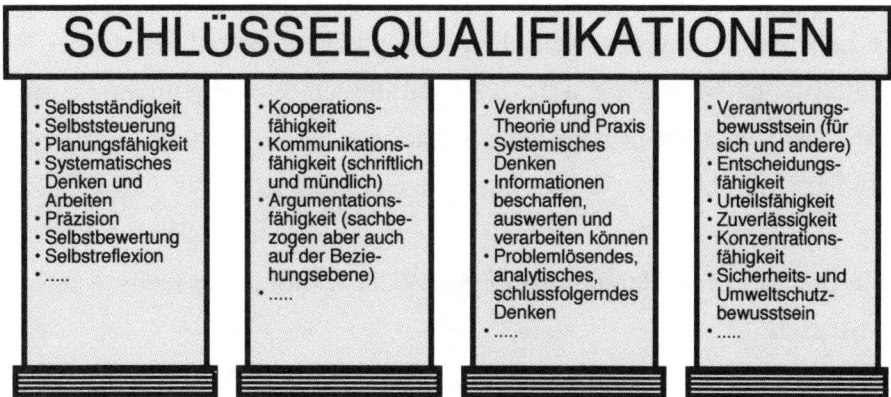

Vor dem Hintergrund, dass die Arbeitsfelder immer anspruchsvoller werden, erscheint im Rahmen von Bildung und Ausbildung eine stärkere Verzahnung von fachlichen und berufsspezifischen sowie fach- und berufsübergreifenden Qualifikationen dringend geboten. Der Einsatz von Zukunftswerkstätten und Szenariotechniken kann dabei ein wesentlicher Baustein sein – sowohl als Methode als auch als Instrument, um innerhalb der Neuordnung von Bildung und Ausbildung die Betroffenen zu Beteiligten zu machen. Die Schulen und Hochschulen werden damit quasi selbst zum Gegenstand von Werkstattarbeit – beispielsweise für einen definierten Zeitraum, um bestehende Ausbildungsstandards veränderten Anforderungen neu anzupassen.

Schule als Zukunftswerkstatt gestalten – zumindest zeitweise.

Das Ziel: Umfassende Handlungsfähigkeit.

4.3. Berufliche Anforderungen und Qualifikationen

Gestiegene Anforderungen bedingen in den verschiedenen Berufsfeldern, dass die Lernenden einerseits fachliche und berufsspezifische Kenntnisse und Fertigkeiten erwerben und andererseits auf einer personalen Ebene an ihren Schlüsselqualifikationen arbeiten. Dahinter steht die Zielvorstellung, dass in anspruchsvollen, herausfordernden Situationen nur das Zusammenspiel von Sach-, Methoden- und Sozialkompetenz zu einer adäquaten und umfassenden Handlungsfähigkeit führen.

Den besonderen Stellenwert der Sozialkompetenz bzw. der Schlüsselqualifikationen betont K. Halfpap (1994, S.25): »Sie (die Schlüsselqualifikationen/der Autor) befähigen, die jeweiligen konkreten Anforderungen, die sich aus zu lösenden Problemen ergeben, interaktiv und verantwortungsbewusst zu bewältigen. Sie werden erst in der Verschmelzung mit fachkompetentem Handeln wirksam (...) Umfassende Handlungsfähigkeit ist ohne Schlüsselqualifikationen nicht gegeben. Tätigkeit als ganzheitliche Lebensäußerung des Menschen wird aus handlungstheoretischer Sicht als zielgerichtetes, planvolles, bewusstes, rational und emotional reguliertes, grundsätzlich komplexes Verhalten in konkreten Situationen verstanden, das informationsabhängig und am individuellen Wertesystem ausgerichtet ist.«

Diese Interpretation von Handlungsfähigkeit oder Handlungsspielraum setzt darauf, dass der Mensch
- auf seine Umwelt aktiv, zielgerichtet und gestaltend Einfluss nimmt,
- sich auch selbst Aufgaben stellt bzw. Ziele setzt,
- Mittelentscheidungen trifft und handelnd versucht, die eigenen oder vorgegebene Ziele zu realisieren und dabei
- verantwortlich, eigenständig, kooperativ und schöpferisch tätig wird.

Die Zustimmung zu diesem skizzierten Menschenbild impliziert, dass innerhalb der beruflichen Bildung didaktisch und methodisch angemessene Konsequenzen gezogen werden. Die Vernetzung von Qualifikationsstruktur und Kompetenzen mit dem Ziel maximaler Handlungsfähigkeit verdeutlicht noch einmal die Grafik (auf der nächsten Seite).

Im Rahmen von Bildung und Ausbildung eröffnet die Einführung und Anwendung der Methode Zukunftswerkstatt bzw. Szenariotechnik Chancen für Lernerfahrungen auf folgenden Ebenen:
- Das Spektrum methodischer Kompetenzen innerhalb von Schule und Hochschule wird erweitert. Z.B. durch: Selbstorganisiertes Lernen, Anwenden von

Moderationstechniken, vielfältige Präsentationsformen, Einsatz von Kreativmethoden, Problemlösungstechniken ...
- Die Beherrschung der Methoden Zukunftswerkstatt und Szenariotechnik wird zugleich Teil einer umfassenderen Kompetenz, die auf gemeinsame Problemlösungen, Lebensbewältigung, Demokratisierung von Entscheidungsprozessen, Partizipation von Betroffenen, Steuerung von Gruppen zielt.
- Die Teilnahme an einer Zukunftswerkstatt oder Szenariotechnik fördert das Entdecken und die Weiterentwicklung sozialer Fähigkeiten untereinander und im Umgang mit Gruppen. Im Spektrum von Wir-Gefühlen bis hin zu intraindividuellen Konflikten heißt es Verantwortung zu übernehmen, Entscheidungen anzubahnen und zu tragen, Dinge zu bewerten, Andersdenkende zu tolerieren u.Ä. Die Auseinandersetzung mit den eigenen Norm- und Wertvorstellungen, Einstellungen und Haltungen wird dabei auf vielfältige Weise angeregt.

Ergänzende Angaben enthalten auch die nachfolgenden Kapitel zur Theorie und Praxis von Zukunftswerkstätten und Szenariotechnik.

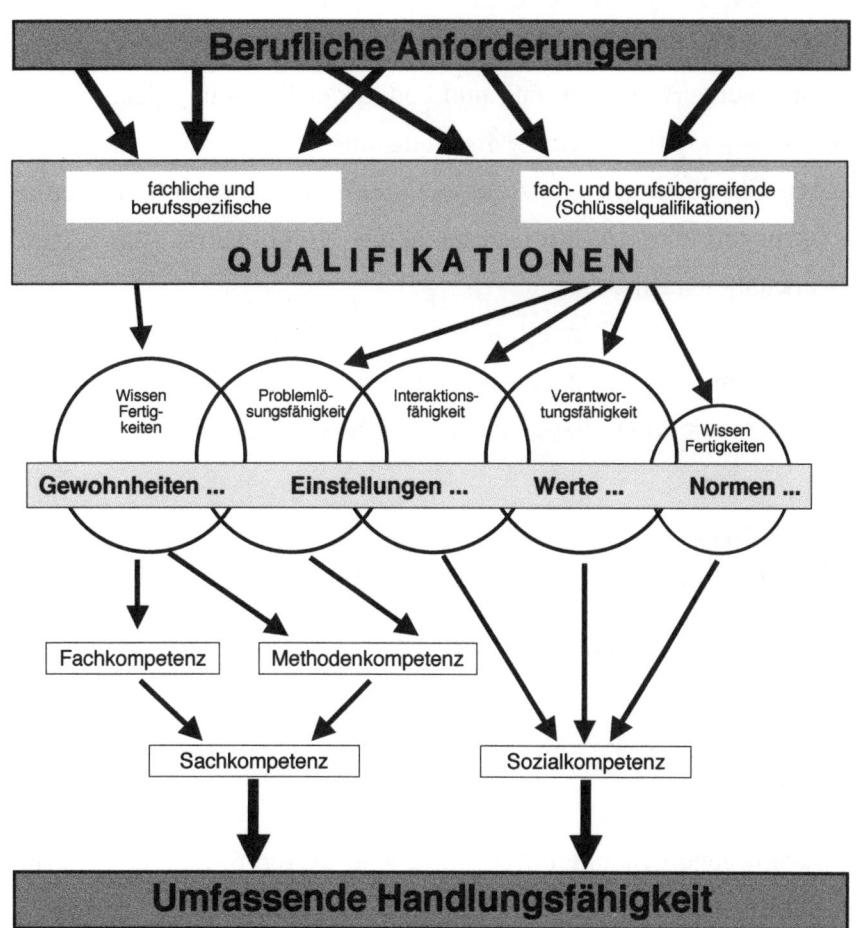

Gestiegene Anforderungen erfordern besondere Qualifikationen. Ihr Erwerb wird z.T. durch alte Gewohnheiten, erstarrte Einstellungen, gesellschaftliche Normen und Werte behindert. Erst geeignete Lernumgebungen führen zu mehr Sach- und Sozialkompetenz und steigern so die Handlungsfähigkeit des Einzelnen.

5. Zukunftswerkstatt in der »Theorie«

5.1. Vorbemerkung

In der Kurzinformation zu Beginn wurden bereits einige zentrale Elemente von Zukunftswerkstätten kurz erläutert. Im Theorieteil dieses Kapitels wird es deshalb darum gehen, die oben angerissenen Punkte so zu vertiefen, dass die Leser/innen in die Lage versetzt werden, den anschließenden Praxisteil in seinen einzelnen Schritten nachzuvollziehen und gegebenenfalls auch selbst eine Zukunftswerkstatt (vom Typ »Problemlöse- und Ideenfindungswerkstatt«) durchführen zu können.

Die gesamte Bandbreite der methodischen Möglichkeiten und Varianten, die mittlerweile zu dieser Arbeitsform existieren, kann hier jedoch nicht dargestellt werden. Dazu sei bereits jetzt nachdrücklich auf die Empfehlungen der Literaturliste hingewiesen.

Zum Theorie-Begriff im erweiterten Sinne.

Und noch etwas: Da es keine explizit formulierte theoretische Grundlage für Zukunftswerkstätten gibt, ist die Verwendung des Begriffs »Theorie« in diesem Kontext möglicherweise irreführend und bedarf der Erklärung. Der Begriff Theorie steht hier als Synonym für eine Mischung aus lerntheoretischen Erkenntnissen, methodischen Überlegungen, konzeptionellen Leitlinien, soziologischen und politischen Erfahrungen, die in ihrer geschickten Kombination den Charakter von Zukunftswerkstätten ausmachen.

Im weiteren Verlauf der Darstellungen wird in Übereinstimmung mit der oben eingeführten Definition von Zukunftswerkstatt als **»Problemlöse- und Ideenfindungswerkstatt«** vor allem dieses Werkstatt-Modell näher beschrieben.

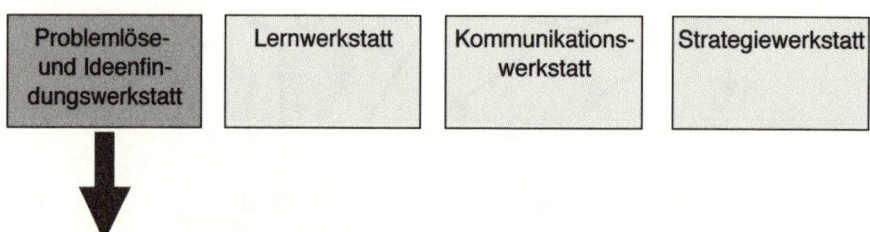

Viele der nachfolgend genannten Merkmale sind jedoch problemlos auf die anderen Werkstatt-Typen übertragbar. Dies gilt vor allem für die »Philosophie« von Zukunftswerkstätten, die Anwendung lerntheoretischer Erkenntnisse und die Ablauforganisation per Phasenschema.

5.2. Zur »Philosophie«

In dem Kapitel über »die gesellschaftlichen Chancen von Zukunftswerkstätten« sind bereits einige grundlegende Gedanken des Erfinders von Zukunftswerkstätten, Robert Jungk, aufgezeigt worden. Die von Jungk und Müllert (1994) zitierten Beispiele erfolgreicher Zukunftswerkstätten, die meist als Problemlöse- und Ideenfindungswerkstätten durchgeführt wurden, weisen vor allem auf deren gesellschaftspolitische Wurzel und Funktion hin: Zukunftswerkstatt als Selbsthilfe- und Partizipationsinstrument.

Jungk und Müllert lesen!

Angesichts enormer Gegenwarts- und Zukunftsprobleme (Umweltbelastungen, lokale infrastrukturelle Mängel, autoritäre Verwaltungen, bürgerfeindliche Planungsentscheidungen, übermächtige Wirtschaftsinteressen u.Ä.) stellen Zukunftswerkstätten ein Instrumentarium zu Verfügung, das es den Betroffenen endlich ermöglicht, innerhalb oder außerhalb von Organisationen ihre Interessen und Bedürfnisse zu eruieren, fundierte Gegenvorschläge zu entwickeln und diese gegenüber den »Mächtigen« mit Nachdruck zu vertreten.

Als gesellschaftliches Gegenmodell zu autoritären Entscheidungsfindungen stellen Zukunftswerkstätten entsprechend hohe Ansprüche an sich selbst:

- Die Lösung von Problemen, die Planung und die Formulierung von Zielen sollen demokratisiert werden. Möglichst viele Betroffene sollen beteiligt und so zu mehr selbstbestimmtem Handeln ermuntert werden. Die Nutzung eben dieser personellen Ressourcen »der Vielen« soll die Arbeitsprozesse optimieren und effektivieren.

    Basisdemokratische Orientierung.

- Von den Werkstattteilnehmer/innen wird erwartet, dass sie bereit sind, aktiv mitzumachen, vorauszudenken, das »Zeitgefängnis« zu verlassen und den angestrebten Wandel bewusst mit zu tragen.

    Raus aus dem Zeitgefängnis!

- Zukunftsorientierung erfordert von den Beteiligten eine optimistische Grundeinstellung: die Zukunft ist gestaltbar, soziale Prozesse können beeinflusst werden usw.

    Zukunft ist gestaltbar!

- Bei den Werkstattteilnehmer/innen wird unterstellt, dass sie im Hinblick auf Problemlösungen, Ideen, neue Ziele usw. bereits über die notwendigen Innovationskräfte, die Fähigkeit zum visionären Denken, soziale Phantasie, Experimentierfreude verfügen – diese Potenziale müssen nur durch geeignete Werkstattmethoden und Rahmenbedingungen freigesetzt werden.

    Die Potenziale der Betroffenen nutzen!

- Die Zukunftswerkstatt ist ein hierarchie- und angstfreier Raum. Die Selbstorganisationspotenziale der Teilnehmer/innen sind lediglich durch die Tätigkeit von Moderator/innen zu unterstützen.

    Moderation statt autoritärer Führung!

Typische Arbeitsweisen

Um diesen Ansprüchen gerecht werden zu können, bedarf es geeigneter Arbeitsweisen. Typische Kennzeichen von Zukunftswerkstätten sind deshalb:
- Arbeit mit Moderations- und Metaplantechniken;
- Visualisierung mittels Pinnwand, Stelltafel, Wandzeitung ...;
- Simultanprotokoll der Ergebnisse (Fotoprotokoll);
- Brainstorming und andere Kreativmethoden;
- Phantasielockerungsübungen, Spiele ...

Um den eigentlichen Kern der Zukunftswerkstatt, die oben bereits erwähnte innere, logische Schrittfolge »Kritikphase«, »Phantasie- und Utopiephase« sowie »Umsetzungsphase«, gruppieren sich eine Reihe sehr nützlicher und bewährter Prinzipien. Ihre Beachtung trägt entscheidend dazu bei, dass in Zukunftswerkstätten eine lustvolle und fruchtbare Atmosphäre entsteht, in der die Teilnehmer/innen engagiert und hochmotiviert ihren Ideen, Phantasien und Visionen freien Lauf lassen. Diese Prinzipien sind in Anlehnung an Stange (o.D., S.17):

Bewährte Prinzipien, Merkmale, Vorgehensweisen.

• Schriftlich diskutieren – Visualisierung • Alle diskutieren (schreiben) gleichzeitig • Menge – möglichst viele Stichworte produzieren • Assoziation – sich durch andere Ideen anregen lassen • Zunächst keine Bewertung – Gegensätzliches stehen lassen	• Alle Äußerungen sind gleichviel wert usw. • Verdichtung, Ordnung und Systematisierung • Reduzierung und Auswahl • Anreicherung • »Sinnlichkeit« • Aktivierung und Beteiligung • Vorübergehender Diskussionsverzicht • Intensität und Dichte der Erfahrungen	• Hierarchiefreier Diskussionsprozess – Kärtchenverfahren, Beteiligung aller usw. • Integration von logisch-systematischen und intuitiven Verfahren • Wechsel von Kleingruppenarbeit und Plenum • Kreatives Klima – offen, locker, spielerisch, positive Emotionen

Konstant ist allein der permanente Wechsel...

Das konsequente und stringente Einhalten des Phasenmodells (Kritik – Phantasie – Umsetzung), auch bei knapper Zeit, bewirkt den für Zukunftswerkstätten kennzeichnenden Rhythmus von
- »kritischer Bestandsaufnahme über utopische Träume und Wünsche zur Konfrontation mit der Wirklichkeit (Kritik – Alternative – Umsetzung);
- freier Assoziation – Ordnung und Systematisierung – Assoziation usw.;
- Offenheit und Geschlossenheit;
- Realität – Traum – Realität;
- Plenum – Kleingruppenarbeit – Plenum;
- Menge – Verdichtung (Reduzierung und Auswahl) – Anreicherung – Auswahl usw.;
- These – Antithese – Synthese;
- spiralförmige Höherentwicklung« (Stange o.D., S. 18f).

Abschließend noch ein paar Worte zur Moderations- und Metaplantechnik (Karten-Technik), auf die in allen Phasen zurückgegriffen werden kann. Ihre bereits angedeuteten Vorteile (alle diskutieren/schreiben, alle Beiträge finden Beachtung, die Ergebnisse werden visualisiert usw.) kommen erst durch die qualifizierte Handhabung von Moderator/innen zur Entfaltung.

Karten-Technik

Die Moderator/innen haben dabei die Funktion eines »sanften Geburtshelfers«, der nicht mit der Geburtszange operiert, sondern mit viel Feingefühl seine »Instrumente« einsetzt und für eine leichte Geburt der Gedanken, Ideen, Phantasien sorgt. Seine Hilfsmittel sind Fragen, Eingehen auf die Gruppe und behutsames Bestärken von Ansätzen. Er ist Anreger, Stütze und Hilfe zugleich. Sein Ziel ist es, die Gruppe zu überraschenden, möglicherweise völlig ungewohnten und vorher nicht gesehenen Lösungen zu führen. Er gestaltet quasi das notwendige Umfeld, in dem soziale Erfindungen, Innovationen usw. erst aufzublühen vermögen. Dabei achtet er auch auf das Einhalten der Spielregeln, ohne die Gruppe zu sehr zu gängeln.

Moderator/innen = sanfte Geburtshelfer

Das »philosophische Fundament«, die Arbeitsweisen und die Ziele einer Zukunftswerkstatt sind als Bild noch einmal plakativ dargestellt.

Werkstatt-Philosophie

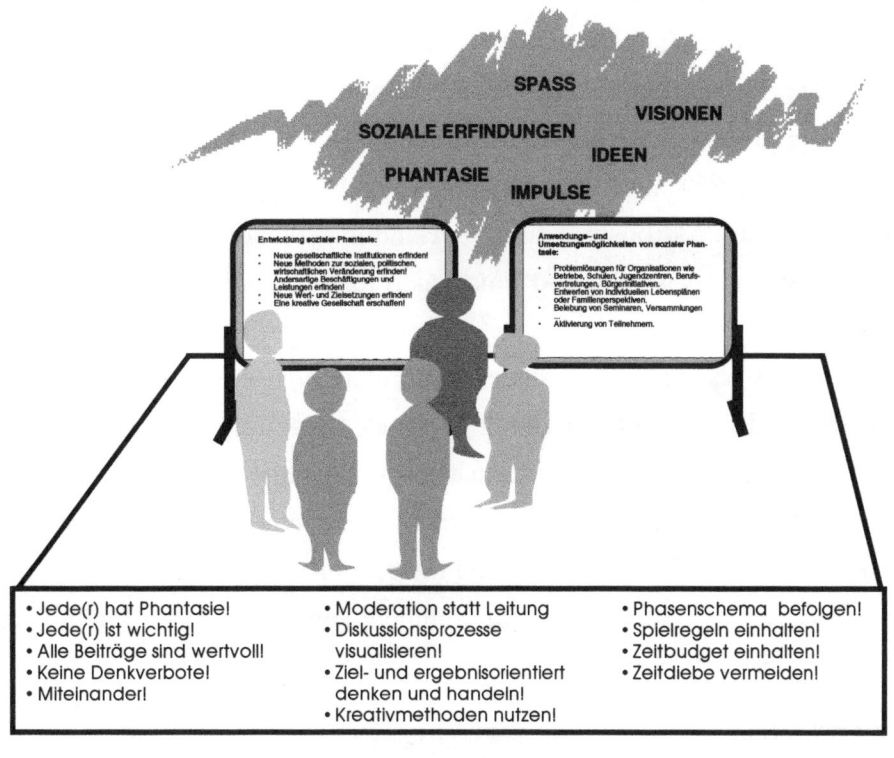

5.3. Werkstattarbeit: Ort für ganzheitliche Lernprozesse

Gefragt ist Selbsttätigkeit

Zukunftswerkstätten sind auch ein Selbstlernangebot – doch in nicht wenigen Fällen muss diese Form der Selbsttätigkeit erst wieder erlernt werden. Die Werkstattteilnehmer/innen müssen sich gestatten, Erfahrungen auf diesem Gebiet zu machen. Erfahrungen, die für den einen oder anderen zu »Wiederentdeckungsübungen« werden. Fähigkeiten und Fertigkeiten, die durch die Reduktionen des Alltags meist zugedeckt wurden, treten innerhalb der Durchführung einer Zukunftswerkstatt wieder hervor und werden zu bewusst eingesetzten Potenzialen – sei es durch die Beiträge zur Problemanalyse, durch Ideen für deren Lösung oder durch aktive Teilnahme an ihrer Verwirklichung. Auf diese Weise stützen Zukunftswerkstätten das innere Ziel, sich selbst als lernende, einflussnehmende und phantasievolle Person zu erleben.

Lerntheoretische Annahmen

Die didaktisch-methodische Strategie einer Zukunftswerkstatt, die eben diese Lernerfahrungen erst ermöglicht, beruht auf verschiedenen lerntheoretischen Hypothesen und praxisorientierten Prinzipien:

Grundbedürfnis nach aktiver Gestaltung

- Der Mensch ist ein aktives, tätiges Wesen, das nach selbstbestimmter Kontrolle der eigenen Lebensbedingungen strebt. Dieses Grundbedürfnis ist von Bildung und Erziehung zu befriedigen.

- Die primären psychischen Prozesse sind Handlungs- und Tätigkeitsstrukturen, in die die kognitiven (sinnliche Wahrnehmung, Sprache, Denken) und emotionalen Prozesse eingebettet sind. Erst die enge Verzahnung von Handlungsstrukturen (Teilprogramme, Aktionsprogramme, Handlungspläne), kognitiven Prozessen, Bedürfnissen, Motivationen und Emotionen formen und prägen das menschliche Bewusstsein.

Verhaltensänderungen resultieren aus möglichst breiten Erfahrungen.

- Individuelle Veränderungsprozesse resultieren aus möglichst allseitigen und umfassenden Erfahrungen, die durch geeignete didaktisch-methodische Konzepte ermöglicht werden müssen. Als Lernstrategie verstanden müssen Zukunftswerkstätten Sachbezüge, rationale Erkenntnis, sozialemotionale Bezüge, sinnliche Erkenntnis und Handlungsorientierung integrieren.

- Diese Integrationsleistung wird im Rahmen von Zukunftswerkstätten dadurch unterstützt, dass die Teilnehmer/innen:

Die Integration verschiedener Ebenen und Faktoren durch geeignete Rahmenbedingungen unterstützen.

- mit Lust lernen
- spielen
- experimentieren
- permanent aktiv sind
- gemeinsam tätig sind
- Problemlösungen suchen
- Ideen finden
- soziale Phantasie entwickeln
- kreativ sind
- entwerfen, konstruieren
- Produkte herstellen
- vielfältige Materialien u. Medien verwenden
- durch Simulation lernen
- offene Kommunikationsformen praktizieren und
- ganz nebenbei auch etwas durch Selbsterfahrung lernen.

- Im emotionalen Bereich kennzeichnet das didaktisch-methodische Konzept von Zukunftswerkstätten folgende Merkmale: Konträre Einstellungen wie »Lernen ist schmerzhaft« und »Lernen macht Spaß« werden integriert. Gefühle werden zugelassen und reflektiert. Gefühle der Resignation, Ohnmacht, übertriebener Angst oder Apathie können positiv bewältigt werden. Pädagogische – und nicht therapeutische – Interventionen erfolgen dosiert.
- Sinnliche Erkenntnis ist durch die Vielfältigkeit mehrkanaligen Lernens sicherzustellen – alle Sinne sind sowohl auf der äußeren als auch auf der inneren Wahrnehmungsebene einzubeziehen:

  visuell – auditiv – kinästhetisch – olfaktorisch – gustatorisch.

- Das Denken und Erkennen im Sinne rationaler Erkenntnis ist das Ergebnis eines äußerst komplexen Zusammenspiels der beiden Gehirnhemisphären. Erst die Integration der linken und rechten Hirnhälfte führt zur eigentlichen Denkleistung, indem lineare, begriffliche, analytische, logische Funktionen der einen mit den spontan-intuitiven, bildhaften Funktionen der anderen Hälfte verknüpft werden (siehe Abbildung).

Lerntypen

Hemisphärenspezialisierungen nutzen!

Linke Hemisphäre **Die Wort-Bibliothek**	**Rechte Hemisphäre** **Die Bild-Bibliothek**
verarbeitet Informationen nacheinander	verarbeitet Informationen gleichzeitig
hält eine feste Reihenfolge (Sequenz) ein: auf A folgt B, dann C	erfasst simultan ein komplexes Bild
registriert einzelne Informationen: einen Flügel	erfasst das Ganze: einen Vogel
zergliedert die Welt in überschaubare Ausschnitte und Teile (analytisch), wichtig sind dabei die Unterschiede zwischen den Teilen oder Ausschnitten	fügt die einzelnen Aspekte zu einer Ganzheit zusammen, wichtig sind hier die Verbindungen
hält sich an das strenge Ursache-Wirkungs-Prinzip	lässt Ähnlichkeiten und Entsprechungen (Analogien) zu: denkt bildhaft
konzentriert sich auf quantitativ nachweisbare Fakten: 2+2=4	reagiert auf qualitative, situativ-bedeutsame Aspekte: Emotionen
entwickelt Ideen nach vorliegenden Regeln: hält sich an vorgegebene, festliegende Strukturen, ist dabei stark auf die schon gespeicherten und organisierten Informationen angewiesen	entwickelt Ideen nach offenen, assoziativ-sprunghaften Gesichtspunkten: hält sich an qualitative, nicht quantifizierbare Strukturen, welche sich um stark gefühlsbesetzte Bilder herum gruppieren
hat eine ausgebaute Syntax: verknüpft Wörter nach grammatischen Regeln	verfügt nur über eine begrenzte Syntax: reagiert auf den Bildgehalt von Wörtern, ruft Sätze als geschlossene Einheiten ab
erinnert sich an komplexe Bewegungsfolgen	erinnert sich an komplexe Bilder
verfügt über Sprache, verwendet Wörter primär als Zeichen	ist stumm, benutzt Bilder, keine Worte; ist empfänglich für den Klang von Wörtern

In Zukunftswerkstätten ganzheitlich arbeiten und lernen.

- Lernmethoden, die die genannten Prinzipien angemessen berücksichtigen, sind in einer Zukunftswerkstatt
  - Visualisierungsmethoden und Moderations- und Metaplantechniken
  - Ideenfindungsverfahren (Brainstorming, Brainwriting u.Ä.)
  - Phantasielockerungsübungen und -spiele
  - spiel- und theaterpädagogische Methoden (Rollenspiele, Planspiele, Interaktionsspiele ...)
  - ästhetische Produktionen (Collagen, Video- und Fotoprodukte...)
  - Handlungspläne/Strategien entwerfen und realisieren
- Die durchgängige Produkt- und Handlungsorientierung unter Einbeziehung einer komplementären, kreativ-intuitiv-sinnlichen Komponente ist für alle Methoden der Werkstattarbeit die gedankliche »Klammer«, die Leitidee.

5.4. Ablauforganisation von Zukunftswerkstätten

Die drei Phasen »Kritik-Phantasie-Umsetzung« bilden den Kern einer Problemlöse- und Ideenfindungswerkstatt.

Phasenschema Zukunftswerkstatt

Die praktische Durchführung dieser Werkstattmethode erfordert jedoch mehr als allein die Beherrschung dieser drei Elemente. Den gesamten Ablauf einer Zukunftswerkstatt, einschließlich der im Vorfeld und im Nachhinein zu berücksichtigenden Aktivitäten, Rahmenbedingungen usw. seien deshalb vorab im Schaubild dargestellt. Die einzelnen Elemente werden dann nacheinander so beschrieben, dass ein Transfer in die Werkstattpraxis der Leser/innen möglich wird.

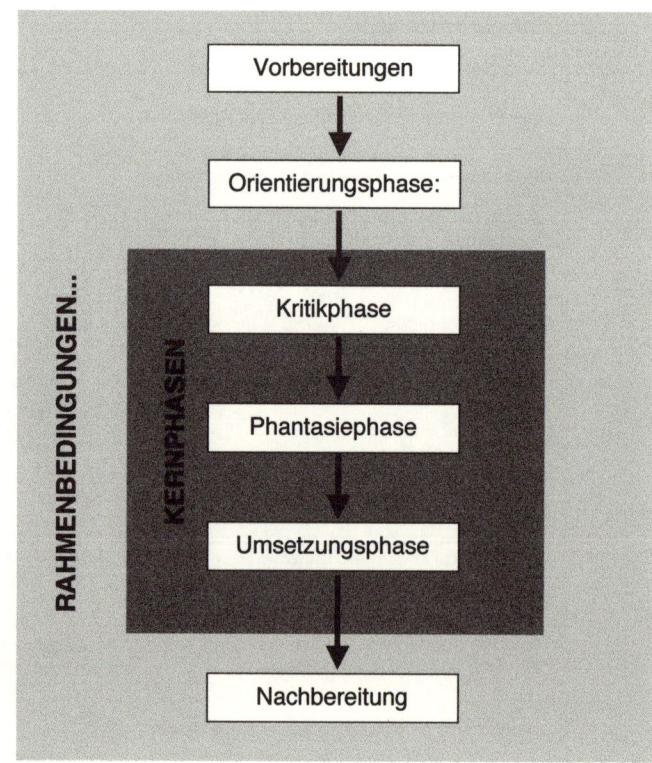

5.4.1. Günstige Rahmenbedingungen herstellen

In einer gut ausgestatteten Werkstatt ist es für jemanden, der sein Handwerk versteht, ein Leichtes, qualitativ hochwertige Produkte zu erzeugen. In einer Zukunftswerkstatt ist es genauso. Ein gut vorbereiteter Moderator, ausgestattet mit dem passenden »Handwerkszeug«, wird unter geeigneten Rahmenbedingungen »seine« Gruppe ebenfalls zu überzeugenden Ergebnissen führen. Eine ideale Arbeitsumgebung liegt vor, wenn folgende Bedingungen erfüllt sind:

Die Rahmenbedingungen, das Setting bewusst gestalten.

- Zeit: Drei volle Wochentage wären gut. Ein langes Wochenende (Freitagabend bis Sonntagnachmittag) gehen auch. Kurzwerkstätten von einem Tag sind eher selten.
- Räume: 1 großer Raum mit möglichst viel freier Wandfläche, um daran Wandzeitungen, Poster usw. befestigen zu können. 2-3 Gruppenarbeitsräume. Im großen Raum wird in den Plenumsphasen im halboffenen Stuhlkreis gearbeitet. Tische beiseite- oder rausstellen.
- Teilnehmerzahl: 15 – 25 Teilnehmer/innen.
- Moderator/innen: Zwei Moderator/innen.
- Moderations-Ausrüstung/Moderations-Koffer:
  Als Grundausstattung sind zu empfehlen:
  600 Karten (Rechtecke), 200 Ovale/Kreise, 50 Streifen, 40 dicke Filzstifte (z.B. edding 3300, nachfüllbar), Klebestifte, Nadeln, Kreppband, Klebepunkte, Scheren, 30-50 große Packpapierbögen (haltbarer als Makulatur-Papier), 10 Pinnwände/Stellwände (oder Packpapier auf den Boden legen).

Positiv wirkt oft eine neue, bislang unbekannte Arbeitsumgebung.

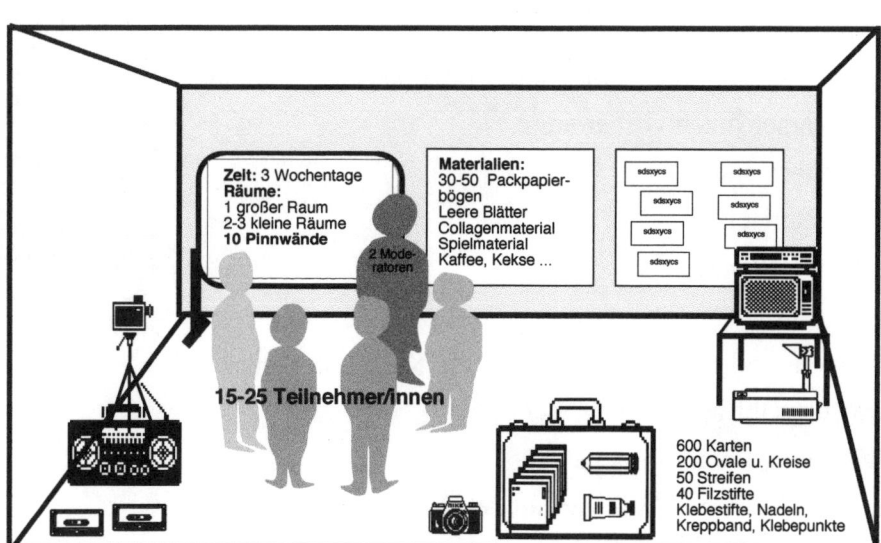

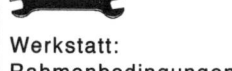

Werkstatt: Rahmenbedingungen

Ausstattungsmerkmale eines idealen Werkstattraumes.

- Leere Blätter im Format DIN A4 und DIN A3. Collagenmaterial (Zeitungen, Illustrierte, Fotos ...) nach Bedarf.

- Medien: Fotoapparat, Blitzlicht und Filme (für Fotoprotokoll, Dokumentation), Kassettenrekorder und bespielte Musikkassetten, Videoanlage einschließlich Kamera und Leerkassetten. Overheadprojektor.
- Spielmaterial: Spiele und Spielanleitungen für Lockerungsspiele zwischendurch und insbesondere für den Beginn der Phantasie- und Utopiephase.
- Zusätzliches Informationsmaterial: Zum jeweiligen Thema der Zukunftswerkstatt. Dokumentationen von durchgeführten Zukunftswerkstätten. Informationsmaterial zur Methode.

Ein nicht selten unterschätzter Faktor.

- Last but not least: Kaffee, Tee, Kekse und anderes mehr, was zu einer angenehmen Arbeitsatmosphäre beiträgt.

5.4.2. Vorbereitungen der Moderator/innen

Eine Reihe von Dingen sind bereits im Vorfeld einer Zukunftswerkstatt zu bedenken und zu erledigen. Auch hier gilt: Gute Vorbereitung und Planung machen vieles leichter! In der Vorlaufphase ist zu klären:

- Welche Zielgruppe/Klasse?
- Vorinformation und Absprachen mit der Gruppe/Klasse.
- Thema und Zielsetzung der Zukunftswerkstatt.
- Wie viele und welche Räume sind zu beantragen?
- Absprachen mit den KollegInnen treffen (Zeitpunkt, Klasse, Seminargruppe...).
- Materialien, Technik sichern, überprüfen, bereitstellen ...

Drehbuch-Beispiel

- Drehbuch entwerfen.
- Informationsposter (auf Flip-Chart- oder Packpapier) für die Teilnehmer/innen vorbereiten:
  – Gesamtüberblick,
  – Organisatorisches,
  – Werkstattgedanke,
  – Spielregeln,
  – Aufgaben- und Fragestellungen für die Kleingruppenarbeit,
  – Erwartungsabfrage,
  – Kritik-, Frage- und Sprüchewand,
  – Poster für Werkstatt-Auswertung/Rückmeldung u.Ä.

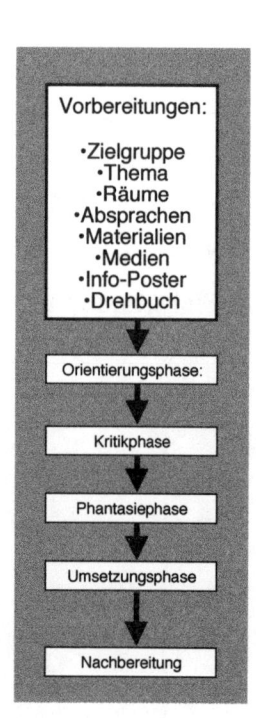

Checkliste

All die genannten Punkte einschließlich der o.g. Rahmenbedingungen lassen sich sehr gut per Checkliste erfassen und bei der konkreten Vorbereitung und Planung einer Zukunftswerkstatt kontrollieren.

Wird die Zukunftswerkstatt von zwei Moderator/innen geleitet, dann sind im Vorfeld entsprechend der Themenstellung genaue Absprachen über mögliche Vorgehensweisen und Rollenverteilungen während der Zukunftswerkstatt angezeigt.

Auch hier hilft ein einfaches Schema, oben bereits als »Drehbuch« tituliert, um den gemeinsam geplanten Ablauf zu erfassen und abzubilden. Die Kopfzeile eines solchen Drehbuchs könnte z.B. die folgenden Kategorien enthalten:

ZEIT Sozialform	ARBEITSSCHRITTE / PHASEN (Inhalte und Methoden)	HINWEISE Anmerkungen ...	MATERIAL Medien ...

Drehbuch-Beispiel

Kurz vor Beginn der Zukunftswerkstatt ist ausreichend Zeit einzuplanen, um die Räume herzurichten, die Pinnwände mit dem Packpapier zu behängen, das Material bereit zu stellen, die Info-Poster griffbereit zu legen, den Kaffee zu kochen ....

5.4.3. Orientierungsphase

Wie so oft im Leben, kann auch hier der erste Eindruck, den die Teilnehmer/innen beim **Ankommen** erhalten, für den Gesamtverlauf der Werkstatt entscheidend sein. Im Hinblick auf eine entspannte und lustvolle Atmosphäre hilft eine liebevolle Gestaltung der Begrüßung. Z.B.:

Der erste Eindruck entscheidet auch hier ... vieles!

- Willkommensposter
- Begrüßungsmusik
- Kaffee, Tee ...
- Kreativ hergerichteter Raum
- Impulsplakate
- Kennenlern-Matrix usw.

Nach der Begrüßung durch die Moderator/innen ist eine Vorstellungsrunde zum gegenseitigen **Kennenlernen** wichtig (z.B. im Rahmen klassenübergreifender Werkstattarbeit oder in Seminargruppen). Zum Merken der Namen kann mit breiten Kreppstreifen, die entsprechend beschrieben werden, gearbeitet werden, oder es werden »Namensspiele« durchgeführt.

Die **Erwartungen** der Teilnehmer/innen an die Zukunftswerkstatt können auf Impulsplakaten oder mittels Kärtchen erfragt werden. Z.B.: »Meine Wünsche ....« und »Meine Befürchtungen ...« Es ist wichtig, schon in dieser Phase den Teil-

Erwartungsabfrage

Werkstatt-Überblick

Transparenz herstellen.

nehmer/innen zu signalisieren, dass ihre Bedürfnisse, Interessen usw. beachtet werden.

Die Klärung von **Organisationsfragen** und Hinweise auf die Zeitplanung gibt den Teilnehmer/innen Orientierung. Eine Wandzeitung oder ein vorbereitetes Poster informieren kurz über Essenszeiten, Arbeitszeiten und Pausen, Räume usw. Zusätzlich kann notiert werden, wer für welche Protokolle verantwortlich ist, wer den Kaffee kocht usw.

In einer kurzen Einführung in den **Werkstattgedanken** wird das Thema der Veranstaltung genannt und begründet. Das Thema sollte möglichst während der gesamten Arbeit für alle gut sichtbar im Raum aufgehängt sein. Die Vorstellung der Ziele, Arbeitsweisen und Phasen einer Zukunftswerkstatt kann gleichfalls durch ein vorbereitetes Plakat visuell unterstützt werden. Manchmal kann es hilfreich sein, die Ziele nicht nur zu benennen, sondern sie gemeinsam mit den Teilnehmer/innen festzulegen: »Was genau soll am Ende dieser Zukunftswerkstatt unser Ergebnis sein?«

5.4.4. Kritikphase

Orientierung geben.

Diese Phase leiten die Moderator/innen mit einem kurzen **Überblick** über die Ziele und Arbeitsweisen ein. Tenor:

- Zum anstehenden Werkstatt-Thema sollen Kritik, Ärger, Beschwerden, Befürchtungen usw. gesammelt werden.
- Es gilt das Prinzip: Kritik-Aufnahme rangiert vor Kritik-Analyse (denn: ausführliche Kritik-Analyse/Ursachenforschung korreliert kaum mit dem Entwickeln von Alternativen, überzeugenden Gegenentwürfen, echten innovativen Lösungsvorschlägen).

Katharsis-Funktion

- Die Kritik-Sammlung erfüllt in erster Linie eine Katharsis-Funktion – Gefühle abreagieren, den Kopf frei machen für Neues!
- Das Neue, und da liegt der Schwerpunkt einer Zukunftswerkstatt, erlebt seine Geburt in der Phantasiephase.
- Aufgabe der Moderator/innen ist es, die Artikulation von Schwierigkeiten, Defiziten und Betroffenheiten zu erleichtern. Dabei hilft die Moderationsmethode, die per anonymer Kartenabfrage den Einzelnen schützt (niemand wird »ertappt« und muss sich rechtfertigen) und trotzdem zu einer umfassenden und rückhaltlosen Kritikaufnahme und Rückmeldung führt.

Bei manchen Themen und/oder Gruppen empfiehlt es sich, vor dem **Einstieg** in die eigentliche Kritiksammlung, die Emotionen oder Einstellungen der Teilnehmer/innen abzufragen. Als Anwärmer für das Thema eignen sich z.B. sehr gut Impulsplakate, die Comics, witzige Sprüche, Metaphern, angefangenen Sätze o.Ä. enthalten. In einer kurzen Vernissage besteht die Möglichkeit, noch einmal alle Beiträge zu lesen, zu vergleichen, sich auszutauschen. Gegebenenfalls fassen die Moderator/innen noch einmal kurz zusammen, indem sie originelle Beiträge laut vorlesen.

Sprüchewand

Im nächsten Schritt erfolgt die Bildung von **Kleingruppen** und eine genaue Erläuterung der Fragestellung und Arbeitsweise innerhalb dieser Gruppen:
- Visualisierungsregeln (z.B. pro Karte ein Aspekt, maximal 7 (Stich-)Worte, in Druckschrift schreiben, breite Seite des Stiftes benutzen, nur eine Kartenfarbe).
- Wie wird in der Kleingruppe gearbeitet?
- Regeln für die Kritikphase

Gruppenarbeit

Regeln für die Kritikphase

Es empfiehlt sich, diese Regeln und Hinweise auf Plakaten vorzubereiten und sie für alle sichtbar im Raum aufzuhängen, oder, wenn das nicht geht, diese an die Kleingruppen direkt auszuhändigen.

Für die anschließend beginnende **Kritiksammlung** in der Kleingruppe gilt ein einfaches Ablaufschema, das sich auch in den anderen Phasen wiederholt:
- Jede(r) schreibt für sich seine/ihre Kritikpunkte auf Kärtchen.
- Alle Kärtchen werden gesammelt, vorgelesen und angepinnt.
- Gemeinsam werden die Karten nach Sinnzusammenhängen geordnet (Kritikschwerpunkte und -themenkreise) und diese »Cluster« mit Oberbegriffen oder Kurzaussagen versehen.

Bei entsprechender Einführung können sich die Gruppen auch selbst moderieren. Wichtig: Klare Aufgabenverteilungen!

Bei diesem Vorgang sind Verständnisfragen zuzulassen, lange Diskussionen sind jedoch zu vermeiden. Widersprüche, gegensätzliche Karteninhalte können durch einen Blitz auf der Karte markiert und Kommentare, Argumente auf Ovalen dazugesetzt werden. Die fertigen Cluster bekommen dann eine Umrahmung und werden fixiert (Aufkleben der Kärtchen). Dies erleichtert die weitere Handhabung der Gruppenarbeitsergebnisse.

Nach der Präsentation aller Kleingruppenergebnisse ist es sinnvoll, die verschiedenen Kritikbereiche in einem Themenspeicher zusammenzufassen und eine Bewertung durchzuführen. Leitfrage: Welche Themenschwerpunkte wollen wir uns vornehmen, woran wollen wir weiterarbeiten? Die Anzahl der Alternativen im Themenspeicher, geteilt durch die Zahl 2, ergibt die Menge der Klebepunkte, die jede(r) Teilnehmer/in vergeben darf. Die hier getroffenen Auswahlen werden zur Grundlage für die anschließende Phantasiephase.

Orientierung geben!

5.4.5. Phantasie- und Utopiephase

Auch diese Phase leiten die Moderator/innen mit einem kurzen **Überblick** über die Ziele und Arbeitsweisen ein. Tenor:

- Dies ist die wichtigste und lustvollste Phase – es geht um das Erfinden von erstrebenswerten Lösungen, um das Entwerfen menschengerechterer Zustände, um Phantasie und Visionen.
- Dabei fällt es manchem schwer, sich von den einengenden Fakten und Zwängen der Realität zu lösen – oft kleben negative Erfahrungen bleischwer an den Sohlen und verhindern hohe Phantasiesprünge.
- In der Phantasie- und Utopiephase sollen diese Schwierigkeiten zumindest vorübergehend ausgeblendet werden und stattdessen ein Klima entstehen, das es ermöglicht,
  - das sonst Undenkbare zu denken;
  - experimentierfreudig und neugierig zu sein;
  - sich flexibel und unangepasst zu verhalten;
  - dem Irrationalen/»Verrückten« gegenüber aufgeschlossen zu sein;
  - Fehler und Scheitern zu riskieren;
  - sich gegenüber noch so seltsamen Ideen, Träumen ... zu öffnen;
  - vielseitige Interessen und Informationen aufzunehmen;
  - Besserwisserei und Perfektionismus zu verabscheuen;
  - wenigstens zeitweise die »wildesten« Vorstellungen zu vertreten;
  - aus dem Zeitgefängnis auszubrechen;
  - der Kreativität und Phantasie Flügel zu verleihen.

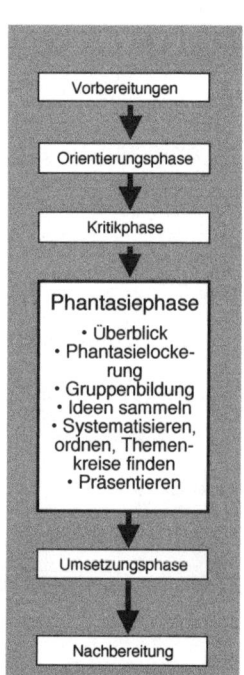

»Verlangt wird offenes, spontanes, flexibles Verhalten, das die eingefahrenen Denkweisen verlässt. Dazu bedarf es der Lust zum Wagnis, der Bereitschaft, miteinander unbefangen zu kommunizieren, und nicht zuletzt der Freude am Spiel mit Gedanken, Informationen, Inhalten, Institutionen, Kombinationen. In der Phantasiephase erfinden wir für unser Arbeitsvorhaben in freier Assoziation Wunschwelten, die langsam Gestalt annehmen – aus spontanen Einfällen, sich daran anknüpfenden Bildern, Verfremdungen und dem Weiterverfolgen von Gedankenketten« (Jungk und Müllert 1994, S. 105).

Damit es einen reibungslosen Übergang gibt, alle Regeln, Fragen usw. möglichst schon vor den Lockerungsspielen klären.

- Damit die richtige Phantasielaune entsteht, wird zu Beginn dieser Phase eine Reihe von Spielen und Übungen durchgeführt, die die alten Blockaden auflösen und zu einem spritzig-optimistischen, kreativen Klima führen (z.B. Spots in

Movement, Erfinderspiel, Knotenlösen). Nach diesen »Phantasielockerungsübungen« geht es möglichst sofort an das Ideensammeln per Brainstormingmethode. Die Ergebnisse dieser Phase sollen dann abschließend in ästhetische, kreative Produktionen münden, die dem Plenum präsentiert werden sollen.

Bevor mit den Phantasielockerungsspielen begonnen wird, sollten die **Ziele** der Zukunftswerkstatt noch einmal kurz ins Gedächtnis gerufen und damit die Richtung, in der anschließend Lösungen, Ideen und Vorschläge gesucht werden sollen, vergegenwärtigt werden. Die Regeln zum Brainstorming können bei dieser Gelegenheit ebenfalls erläutert werden.

Was genau ist das Ziel?

Als **Phantasielockerungsspiele** eignen sich sehr gut Spiele, die Konkurrenz vermeiden und eher das Miteinander betonen (siehe Anhang):
- Bewegungsspiele (mit Bällen, Luftballons, Fallschirm, Tüchern, Brain-Gym-Übungen, Gymnastik ...);
- Interaktionsspiele (Spots in movement, Knotenlösen...);
- Spiele mit Worten (Geschichten erfinden, Wortspiele, Assoziationsspiele, Schreibspiele ...);
- Rollenspiele, Pantomime;
- Phantasie- und Zeitreisen (in die Zukunft);
- Malaktionen (Wünsche in Bildern, sich gegenseitig schminken – äußerlich die Rolle wechseln ....).

Brain-Gym-Übungen
Knotenlösen
Spots in movement
Erfinderspiel
Wozu ist das gut?

Nach der genauen Erklärung der Aufgaben- bzw. Fragestellung werden **Kleingruppen** gebildet und mit der Karten-Technik **Ideen gesammelt**, bearbeitet, angereichert, verdichtet, **geordnet** und mit Oberbegriffen/Kurzaussagen versehen (s.o. Vorgehen in der Kritikphase).

Karten-Technik
Brainstorming-Regeln

Über das Brainstorming per Kartenabfrage hinaus empfiehlt es sich, die Phantasiekräfte der Teilnehmer/innen durch zusätzliche Verfahren der Ideensammlung zu reizen. Diese sollten allerdings sinnlich eine andere Qualität als die Karten-Technik haben (z.B. Phantasiereise, assoziative Techniken, Spaziergang, Bilder, Analogiebildungen, Verknüpfung von Begriffen, Gegenständen mit dem Problem u.Ä.). Gerade die Integration von rational-analytischen und systematischen Verfahren (Moderationstechnik mit Kartenabfrage) und von intuitiv-kreativen Vorgehensweisen bildet ein theoretisch-praktisches Kernelement von Zukunftswerkstätten und sollte entsprechend intensiv genutzt werden.

Gegenstands-Assoziationen
Kreativer Spaziergang

Die Aufgabe, für die **Präsentation** der Gruppenergebnisse möglichst kreative Darstellungsformen (Poster, Fernsehspots, Rollenspiele, Plakate, Statuen, Videofilm- oder Hörspielproduktionen usw.) zu wählen, betont diesen Gedanken beson-

Präsentationsmöglichkeiten

Kreative Darstellungsformen sprechen andere Sinnesebenen an und beflügeln.

ders. Leitfrage: Wie können die Ergebnisse den anderen auf möglichst spannende, motivierende Weise mitgeteilt werden? Alle Schritte noch einmal im Überblick:
- Aufgaben- bzw. Fragestellung nennen;
- Karten-Brainstorming nach der Karten-Technik durchführen;
- Anreicherung der Ideenrohsammlung durch ergänzende Methoden;
- Vorbereitung ästhetisch-kreativer Produktionen für die Ergebnispräsentation;
- Präsentation der Arbeitsergebnisse im Plenum;
- Eventuell Übertragung der Phantasiethemenkreise in Ideenspeicher.

5.4.6. Umsetzungsphase

In dieser Phase geht es darum, nach den gedanklichen Höhenflügen auf den Boden der Tatsachen zurückzukehren und zu schauen: Was geht? Damit der Wechsel von der Phantasie- zur Umsetzungsphase nicht zu einer demotivierenden Bruchlandung wird, sollten die Moderator/innen diese Phase ebenfalls ausreichend kommentieren und einen **Überblick** über die weitere Arbeitsweise geben. Tenor:

Orientierung geben

- Die Umsetzungsphase ist genau so sorgfältig und ernst zu nehmen wie die vorangegangenen. Jede heute bekannte Neuerung hat zunächst einmal als Idee auf einem Reissbrett, als Skizze/Entwurf angefangen.
- Der Transfer von Wünschen, Träumen und Ideen in die Realität vollzieht sich nur selten stromlinienförmig, ohne Brüche.
- Umsetzungsarbeit erfordert deshalb, dass durch zielorientiertes und beharrliches Handeln an das Überwinden von Hindernissen oder Widerständen gegangen wird – Phantasie und planvolles Handeln werden zu einer Einheit.
- Dennoch empfiehlt es sich, bei der Prüfung von Vorschlägen und der Auswahl von Projekten zunächst einmal auf Punkte zu konzentrieren, die Realisierungschancen haben (auf alle anderen Ideen kann immer noch zurückgegriffen werden – Werkstatt-Protokoll).
- Die Umsetzungs- und Planungsarbeit innerhalb eines Projektes kann dabei ruhig den Geist der Phantasiephase in sich tragen. Denn das Finden möglichst zahlreicher, neuartiger, ungewöhnlicher, bisher nicht begangener Wege erfordert ebenfalls Phantasie – damit das Verändern zur Lust wird.

Dieser Überblick sollte durch die Einführung und Erklärung der Grundregeln für die Umsetzungsphase abgerundet werden.

Umsetzungsphase Regeln

Im nächsten Schritt müssen **Entscheidungen** über die endgültige Auswahl eines oder mehrerer Projekte bzw. Vorhaben getroffen werden. In der Regel sollte sich jeweils eine Gruppe für ein Projekt entscheiden – denkbar ist auch, dass man sich im Plenum für nur ein einziges Vorhaben entscheidet, um dieses dann auf möglichst vielfältige Weise durch die jeweiligen Gruppen ausarbeiten zu lassen. Auf der Basis des Phantasiethemenspeichers lässt sich jetzt leicht eine Rangfolge der möglichen Projektthemen herstellen. Bewertungsabfrage mit Klebepunkten (entweder 2-3 Punkte für jeden, oder Zahl der Klebepunkte nach der Formel: Anzahl der Themen, geteilt durch 2, berechnen). Leitfrage: Welche dieser Ideen sollten weiterverfolgt und ausgearbeitet werden?

Bei Entscheidungen beachten: die Projekte sollen möglichst nur von den Gruppen und in überschaubaren Zeiträumen bearbeitet werden können.

Denkbar ist auch, dass die schon bestehenden Kleingruppen sich aus dem Gesamtspektrum aller Themen eines/oder mehrere auswählen und daran weiterarbeiten.

Erst jetzt gehen die Kleingruppen daran, die ausgewählten Ideen zu **Projektskizzen auszuarbeiten** und gegebenenfalls auch schon weitere Handlungsschritte zu sammeln und einen Aktionsplan zu entwerfen (**Wer** macht **Was** bis **Wann** o.Ä.).

Die Projektskizzen, die für eine **Präsentation** geeignet sein sollen, werden im nächsten Schritt dem Plenum vorgestellt und dort diskutiert und **geprüft**. Leitfrage: Könnten die Projektvorschläge und Ideen so umgesetzt werden?

Alternativ zu diesem Vorgehen können die Gruppen gegenseitig eine Prüfung der jeweiligen Projektentwürfe vornehmen und ein kurzes »Gutachten« als Rückmeldung formulieren. Oder es wird im Plenum in Pro- und Kontra-Manier geprüft. Eine weitere, sehr schöne Alternative ist die Gestaltung eines Rollenspiels zu jeder Projektskizze: Der Optimist und der Pessimist unterhalten sich ...

Eine hilfreiche aber zeitaufwendige Form der Rückmeldung.

Genauso kann nach bestimmten Kriterien eine Punktevergabe durchgeführt werden. Nach dieser »Prüfung« gehen die Kleingruppen noch einmal ans Werk, überarbeiten ihre Umsetzungsentwürfe und stellen einen konkreten **Aktionsplan** (Was?, Wann?, Wer?, Mit Wem?, Was ist zu beachten? ...) auf – falls dieses noch nicht geschehen sein sollte.

Schriftlich festhalten lassen – erhöht die Verbindlichkeit.

5.4.7. Nachbereitungen

Den (vorläufigen) **Abschluss** der Zukunftswerkstatt gestalten die Moderator/innen. Anhand der Phasenposter, Tagespläne, Ergebnisplakate, Wandzeitungen etc. werden die Ziele, die Vorgehensweisen und die Ergebnisse noch einmal kurz zusammengefasst und eingeordnet. Unter der Überschrift: Wie geht es weiter? wird über den möglichen Fortgang der Werkstattarbeit nachgedacht. Gegebenenfalls werden neue Treffen vereinbart. Nicht vergessen: Wer kümmert sich um die Einla-

Zusammenfassung, Resümee durch die Moderator/innen.

dungen, Räume, Formalitäten usw. Wer sorgt dafür, dass das Protokoll zusammengefasst und weiterverteilt wird?

Mittels Fragebogen, Blitzlicht, Kartenabfrage (strukturiert oder unstrukturiert) oder Wandzeitung (mit ein- oder mehrdimensionaler Grafik) geben die Teilnehmer/innen **Feedback** zur Zukunftswerkstatt (z.B.: Was wurde geschafft? Was lief gut und was lief schlecht? Was fehlt noch?).

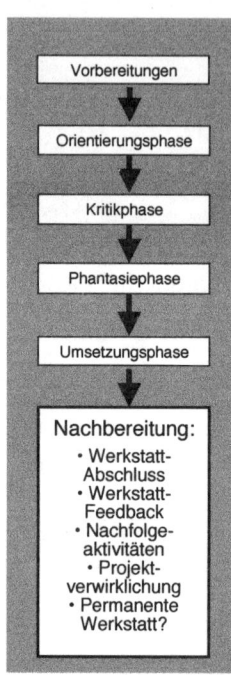

Nach Abschluss der eigentlichen Werkstattarbeit gibt es verschiedene Varianten der Weiterarbeit (**Nachfolgeaktivitäten**). Denkbar ist, dass aus den Planungen und Aktivitäten der Teilnehmer/innen heraus sich eine »**Permanente Werkstatt**« etabliert, die den Fortgang der Aktionen und deren Ergebnisse solange begleitet und evaluiert, bis zufrieden stellende Resultate erzielt worden sind. Vielleicht findet auch nur noch einmal ein Treffen statt, in dem die **Projekte** und deren **Verwirklichung** im Sinne von Erfolgs- oder Misserfolgsberichten referiert werden. Vorstellbar ist auch, dass die Ergebnisse der Zukunftswerkstatt lediglich ansprechend dokumentiert und an die betreffenden Adressaten weitergereicht werden (Poster, Offener Brief, Referendum ...).

Ein gemeinsames Abschlussfoto mit den Teilnehmer/innen, gemeinsames Aufräumen und ein paar Worte des Dankes für die Mitarbeit beenden die Zukunftswerkstatt.

Vorab klären: Wie viel Spielraum ist innerhalb der Institution realistisch?

5.4.8. Hinweise, Knackpunkte, Tipps, ...

Abschließend noch ein paar Hinweise, Tipps, Knackpunkte usw. zur Arbeit mit Zukunftswerkstätten:

- Die **Arbeit als Moderator/in** wird zwar erleichtert, wenn zuvor eine Ausbildung in Moderations- und Metaplantechnik stattgefunden hat. Wichtiger ist jedoch, dass die Moderator/innen über gruppendynamische Erfahrungen verfügen (oder die Bereitschaft haben, sich auf eben solche einzulassen), Prozesse strukturieren können, einfühlsam auf Gruppen bzw. Teilnehmer/innen eingehen und diese anregen/mitreißen können und selbst mit gutem Beispiel vorangehen, indem sie sich in jeder Werkstattphase schwungvoll, engagiert, optimistisch, locker und humorvoll verhalten. Hospitationen bei erfahrenen Moderator/innen und Supervision durch andere sind gleichfalls zu empfehlen. Ansonsten heißt es: Einfach machen, Erfahrungen sammeln und lernen, lernen, lernen ...

Vorbildfunktion nutzen!

- **Minimalvoraussetzungen** für eine Zukunftswerkstatt sind ein großer, freundlich gestalteter Raum, in dem vier Gruppen sich so einrichten können, dass die Störungen sich in Grenzen halten (die Enge und das Mitverfolgen der anderen Gruppenarbeit sind gleichzeitig eine gute Motivation und Hilfe zur Kontrolle des Arbeitsfortschritts in der eigene Gruppe).

Für die Moderation muss kein teurer Moderationskoffer angeschafft werden. Ein im Kaufhaus erstandener Aluminiumkoffer mit Fächern tut es auch und kostet nur ca. 30,00 DM. Stifte (nachfüllbar!), Kleber, Nadeln usw. lassen sich in einschlägigen Läden ebenfalls sehr billig besorgen. Farbiges Papier in dünnerer Kartonstärke (DIN A4-Format) kann als 500er-Packung gekauft und gleich im Fachgeschäft geschnitten werden (Papier dritteln). Es reichen drei verschiedene Farben. Ovale und Kreise wären schön, sind aber nur aufwendig selbst herzustellen. Streifen ebenfalls aus dünnerem weißen Karton (DIN A3-Format) selbst herstellen (im Längsformat dritteln).

Moderationskoffer selbst zusammenstellen.

Teuer ist das Packpapier, da es als Verbrauchsmaterial in beinahe jeder Phase benötigt wird. Makulaturpapier ist wegen seiner geringen Reissfestigkeit nur bedingt geeignet.

Statt der genannten Moderationsmaterialien kann zur Not auch auf normales Papier (statt Kärtchen), Wachsmaler, Tapetenrollenreste, alte Plakate usw. zurückgegriffen werden.

Falls keine Pinnwände vorhanden sind, ist die Methode »Fußboden-Moderation« eine Alternative. Wichtig ist, dass die Ergebnisse anschließend fixiert und zwecks besserem visuellen Zugang an den Wänden aufgehängt werden.

Fußboden-Moderation statt Pinnwand.

- Die **Moderationsmethode** ist ideal für Gruppen mit ca. 15-20 Teilnehmer/innen. Bei weniger als 15 Teilnehmer/innen ist es schwieriger, für Dynamik und eine lebendige, kreative Arbeitsatmosphäre zu sorgen. Wird mit größeren Gruppenstärken gearbeitet, dann ist der zusätzliche Zeitbedarf für mehr Präsentationen, Diskussionen usw. einzukalkulieren. Das Zeitbudget ggf. durch die in der Grafik (nächste Seite) gezeigten Maßnahmen der Vereinfachung anpassen.

Zeitbudget an Gruppengröße anpassen.

Während der Arbeit mit den Karten darauf achten, dass die Teilnehmer/innen sich auch weiterhin an die Visualisierungsregeln halten. Vor allem das »richtige« Beschreiben der Kärtchen wird im »Eifer des Gefechtes« gern vergessen.

Bei Ergebnisvorstellungen durch die Teilnehmer/innen Hinweise und Rückmeldungen zur angemessenen Präsentation geben.

Die Moderationsarbeit ist eine Gradwanderung. Einerseits sollen die Gruppen nicht dominiert werden, andererseits wird Unterstützung und Hilfe erwartet. Die Moderator/innen sollten dies in der Vorplanung berücksichtigen und immer schon mehrere Wege, Varianten, Methoden usw. in ihr Drehbuch einbauen.

Überblick über Möglichkeiten zur Vereinfachung bzw. Verkürzung von Moderationsabläufen.

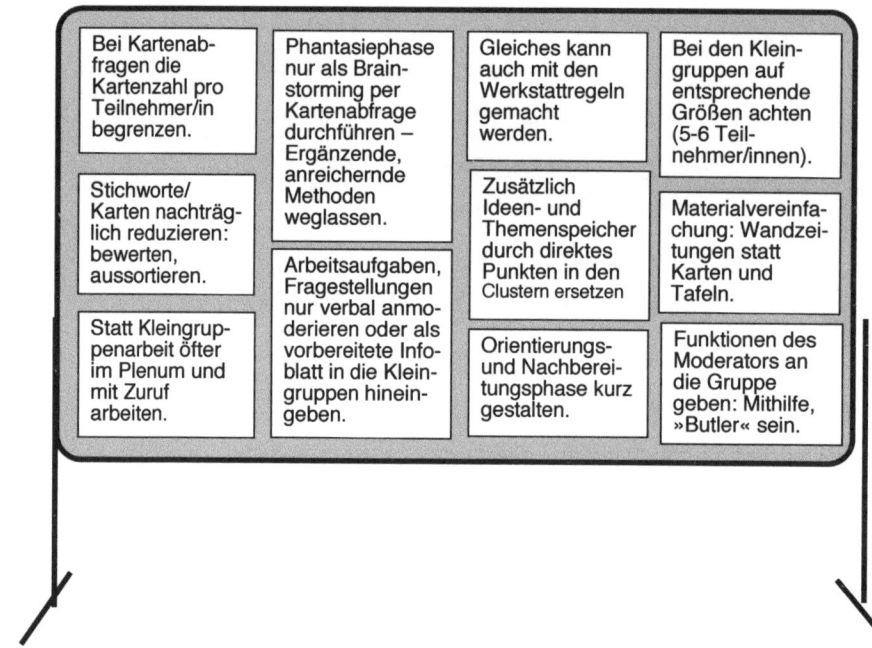

- Bei Kartenabfragen die Kartenzahl pro Teilnehmer/in begrenzen.
- Stichworte/Karten nachträglich reduzieren: bewerten, aussortieren.
- Statt Kleingruppenarbeit öfter im Plenum und mit Zuruf arbeiten.
- Phantasiephase nur als Brainstorming per Kartenabfrage durchführen – Ergänzende, anreichernde Methoden weglassen.
- Arbeitsaufgaben, Fragestellungen nur verbal anmoderieren oder als vorbereitete Infoblatt in die Kleingruppen hineingeben.
- Gleiches kann auch mit den Werkstattregeln gemacht werden.
- Zusätzlich Ideen- und Themenspeicher durch direktes Punkten in den Clustern ersetzen.
- Orientierungs- und Nachbereitungsphase kurz gestalten.
- Bei den Kleingruppen auf entsprechende Größen achten (5-6 Teilnehmer/innen).
- Materialvereinfachung: Wandzeitungen statt Karten und Tafeln.
- Funktionen des Moderators an die Gruppe geben: Mithilfe, »Butler« sein.

Gleich zu Beginn der Werkstattarbeit klären und schriftlich festhalten, wer wann für das Protokoll verantwortlich ist.

- Das **Werkstattprotokoll** ist für die Teilnehmer/innen nicht nur eine eindrucksvolle Erinnerungshilfe, sondern auch ein großer Ideenspeicher für spätere Projekte, Vorhaben, Anregungen usw. Nach außen dokumentiert das Protokoll die Inhalte und Ergebnisse der Arbeit. Überarbeitet und abgetippt können daraus brauchbare Diskussionspapiere, Entscheidungsvorlagen u.Ä. werden.

Damit die Poster auch später noch richtig zu- und eingeordnet werden können, ist das Nummerieren der einzelnen Bögen, das Eintragen der beteiligten Personen, das Hinzufügen von Vermerken und die Nennung der jeweiligen Aufgaben- und Fragestellung wichtig.

Um für alle Teilnehmer/innen ein Protokoll zur Hand zu haben, empfiehlt es sich, Simultanprotokolle anfertigen zu lassen: Parallel zum Fortgang der Zukunftswerkstatt schreiben ausgewählte Teilnehmer/innen die Posterinhalte abbildungsgetreu auf DIN A4-Blätter ab.

Das Abfotografieren der Poster ist ebenfalls möglich. Doch ist dies keine billige Lösung – müssen die einzelnen Fotos doch in relativ hoher Auflage und großformatig vergrößert werden (Ausweg: In der Schule gibt es ein Fotolabor und WerkstatteilnehmerInnen, die damit umgehen können). Firmen, die das Abfotografieren als Dienstleistung anbieten, sind ebenfalls sehr teuer.

Jedes Protokoll gewinnt natürlich, wenn Fotos und andere Dokumente der Werkstattarbeit beigefügt werden.

- Die Problemlöse- und Ideenfindungswerkstatt ist zwar eher produktorientiert angelegt. Doch hier ist es hilfreich, die **Prozesse** auf der Ebene des Themas und der Gruppe im Auge zu behalten und entsprechende (Tages-)Rückmeldungen bei den Teilnehmer/innen einzuholen.

- Zukunftswerkstätten waren zunächst sehr basis- und betroffenenorientiert und gegen das Wissens-, Ideen- und Machtmonopol der Experten, Politiker, Unternehmen gerichtet. Innerhalb von Schule oder Hochschule kann nicht davon ausgegangen werden, dass dort eine homogene Gruppe gleichartig betroffener Personen sitzt, die nur darauf wartet, in einer Zukunftswerkstatt ihre Probleme anzugehen. Bei einigen muss vielleicht sogar gerade der umgekehrte Weg eingeschlagen werden: Die Beteiligten zu Betroffenen zu machen. Diese o.g. **Stechmückenfunktion** wird aus der Sicht des Autors allein durch die zukunftsweisende Methodik von Zukunftswerkstätten und den impliziten Chancen für die Weiterentwicklung sozialer Kompetenzen gerechtfertigt.

Die Beteiligten zu Betroffenen machen!

6. Zukunftswerkstatt in der Praxis

Die nachfolgenden Ausführungen beziehen sich auf eine Zukunftswerkstatt, die mit Schüler/innen einer Fachschule für Sozialpädagogik anlässlich der bevorstehenden Reform der Erzieher/innenausbildung durchgeführt wurde. Das zentrale Motto dieser Werkstatt lautete: »Wenn wir zu sagen hätten...« Und im Untertitel: »Das Undenkbare denken – Impulse, Ideen und Vorschläge für die zukünftige Ausbildung von Erzieher/innen.« Darüber hinaus ging es auch um den Aspekt, welche Chancen in der Verknüpfung der Ergebnisse dieser »Zukunftswerkstatt mit Fachschüler/innen« und der parallel laufenden »Konzeptionsarbeit der Lehrkräfte« liegen könnten.

Die konkreten Beschreibungen der praktischen Erfahrungen mit der Methode Zukunftswerkstatt folgen dabei einer schlichten Vorgehensweise: Es werden jeweils die Planungsüberlegungen sowohl für jede der drei Kernphasen als auch für die vor- und nachgelagerten Aktivitäten vorgestellt. Abweichungen oder andere Besonderheiten im Rahmen der Realisation werden bei Bedarf gesondert behandelt.

6.1. Ablauforganisation

Ziel: Die Schüler/innen arbeiten die drei Kernphasen einer Zukunftswerkstatt innerhalb von drei Tagen durch.

Für die Zukunftswerkstatt stehen drei aufeinander folgende Schultage zur Verfügung. Ein vierter Tag ist als Option für Nachfolgeaktivitäten eingeplant. Gearbeitet wird an allen Tagen von 8:30 – 14:00 Uhr. Pausen erfolgen nach Bedarf. Ziel ist es, im Verlauf dieser drei Tage zumindest die drei Kernphasen »Kritik-Phantasie-Umsetzung« mit den Schüler/innen durchzuarbeiten. Was am Ende an weiteren Aktivitäten folgen wird, ist offen.

Die gesamten Planungsüberlegungen für die Zukunftswerkstatt spiegelt am besten das Drehbuch wider. Dieses Drehbuch wird in den nachfolgenden Kapiteln, jeweils in Ausschnitten, die Grundlage sein für die Dokumentation der Planungsüberlegungen der einzelnen Phasen und Schritte.

Ziel: Die Schüler/innen lernen verschiedene Werkstattinhalte kennen.

Die dort anzutreffenden Elemente folgen einem einfachen Prinzip: Integration von möglichst ganzheitlichen und die Kreativität und Phantasie stimulierenden Methoden. Die Einführung dieser Elemente wird bewusst so gründlich vorgenommen, dass die Teilnehmer/innen sie später auch für die eigene Berufspraxis nutzen können. Doch zunächst zu den gesamten Vorüberlegungen und Vorbereitungen für die Zukunftswerkstatt selbst.

6.1.1. Vorbereitungen

Planungsüberlegungen

Die Vorbereitungsphase beginnt unmittelbar an dem Tag, an dem die Teilnehmer/innen ihr Einverständnis für die Mitarbeit in einer Zukunftswerkstatt geben und der Durchführungszeitraum terminiert ist (hier mit einem zeitlichen Vorlauf von ca. 4 Wochen). Als Planungshilfen dienen auf der Makroebene (eher die Inhalte betreffend) Mind Maps, auf der Mikroebene (eher Organisatorisches betreffend) wird mit selbst erstellten Checklisten gearbeitet. Die Checklisten enthalten die in

Mind Mapping

SOLL	IST	TO DO LIST ...	HINWEISE	WER
		VORAB KLÄREN ...		
		METAPLAN-VISUALISIERUNGEN, POSTER...		
		DIDAKTISCH-METHODISCHE HILFEN ...		
		EINZELMETHODEN ...		
		ARBEITSBLÄTTER U. MATERIALIEN ...		
		MEDIEN ...		
		VERBRAUCHSMATERIAL ...		
		DEMOMATERIAL ...		

Checkliste

der Abbildung gezeigten Grundkategorien. Im Detail sind die Checklisten im Werkzeugkasten abgedruckt. Vor allem in der Phase kurz vor Beginn der Zukunftswerkstatt wird auf dieses Planungsinstrument permanent zurückgegriffen. Die inhaltlichen Planungen auf der Makroebene sind die Grundlage für die Arbeiten am Werkstatt-Drehbuch.

Drehbuch-Beispiel

Auf der organisatorischen Ebene ist vorab vor allem zu klären:
- Ist der Termin in Ordnung? Sind die KollegInnen einverstanden oder gibt es Einwände? Wenn ja, welche Alternativen sind möglich? Sind noch zusätzliche Absprachen notwendig?
- Welche der vorhandenen Räume sind am ehesten für die Werkstattarbeit geeignet? Können diese in dem geplanten Zeitraum exklusiv für die Zukunftswerkstatt genutzt werden? Gibt es noch zusätzliche Ressourcen?
- Was ist an Moderationsmaterial vorhanden? Was muss vorher noch bestellt und ergänzt werden? Können alle vorhandenen Pinnwände für die Werkstatt über den

Organisatorisches:
Absprache mit Kolleg/innen
Räume?
Medien?
Materialien für Moderation?
Kaffee, Tee...?

gesamten Zeitraum genutzt werden? Wenn ja, dann an die »Reservierung« denken.
- Was wird an weiteren Medien gebraucht? In welchem Zustand befinden sich die benötigten Geräte? An rechtzeitige Reservierung denken.
- Mit welcher Unterstützung kann vonseiten der Küche gerechnet werden (Kaffee, Tee, Kaffeemaschinen, Kekse, belegte Brote usw.)? Zu welchen Konditionen? Was muss ggf. selbst organisiert werden?

Die Arbeiten am Drehbuch verlaufen nach dem Prinzip der rollenden Planung. Ein Teil der Elemente steht sehr früh fest, ein paar Dinge werden erst kurz vor Beginn und während der Zukunftswerkstatt entschieden. Die endgültige Drehbuchversion, einschließlich der angedachten Optionen, ist im Werkzeugkasten zu finden.

Als Vorbereitung der Teilnehmer/innen auf die Zukunftswerkstatt werden kurz vorher im Unterricht folgende Themen angesprochen:

Soziale Phantasien entwickeln

Ziel: Kognitive Einstimmung der Schüler/innen auf die Zukunftswerkstatt und Motivation

- Die gesellschaftliche Relevanz von Zukunftswerkstätten, aufgezeigt an den Begriffen »Demokratie«, »Partizipations-Pädagogik« und »Kinderpolitik« sowie an der Initiative und den Aktionen des Landes Schleswig-Holstein unter dem Motto »Demokratie lernen«.
- Die Bedeutung der Methode Zukunftswerkstatt für die sozialpädagogische Praxis von Erzieher/innen.
- Die Werkstatt-Methode selbst.
- Die Chancen, die die Werkstattergebnisse für die anstehenden Ausbildungsveränderungen beinhalten können.

Die relativ späte Abhandlung dieser Themen kurz vor Werkstattbeginn ist bewusst gewählt: Zum einen sollen die Kernaussagen über Zukunftswerkstätten zum Zeitpunkt der Werkstattarbeit noch frisch im Gedächtnis sein; zum anderen ist dem Autor daran gelegen, noch einmal aus der Lehrerrolle heraus für die möglichen Partizipationsformen zu werben.

6.1.2. Orientierungsphase

Planungsüberlegungen

Im Rahmen der Orientierungsphase soll das genaue Motto der Zukunftswerkstatt vorgestellt und noch einmal der erhoffte Nutzen für die Schule betont werden. Es folgt die Klärung von Organisationsfragen (Zeiten, Pausen, Essen, Kaffee, Hinweis auf die »Sprüchewand« für spontane Bemerkungen, Rückmeldungen ...).

Im nächsten Schritt sollen die Ziele und Elemente (»Philosophie« und »Phasenschema«) anhand eines vorbereiteten Posters präzisiert werden. Als Einstimmung auf die Zukunftswerkstatt und gleichzeitige Abfrage der Erwartungen soll dann ein Wortspiel, für das eine vorbereitete Wandzeitung bereit hängt, durchgeführt werden.

ZEIT Sozialform	ARBEITSSCHRITTE UND PHASEN (Inhalte und Methoden)	HINWEISE Anmerkungen	MATERIAL Medien ...
4.9. - 6.9. 8:30 – 14:00 Uhr Pausen nach Bedarf 1. TAG	**ZUKUNFTSWERKSTATT:** »Wenn wir zu sagen hätten ...« **Motto:** Das Undenkbare denken – Impulse, Ideen und Vorschläge für die zukünftige Ausbildung von Erzieher/innen.	Noch einmal auf Nutzen für die Schule hinweisen.	Vorbereitetes ZW-Poster
Plenum 20 Min.	**ORIENTIERUNGSPHASE** Klärung von Organisationsfragen: Zeiten, Planungsablauf und Überblick über Thema, Ziele und Elemente der Zukunftswerkstatt.	Hinweis auf Sprüchewand. Wie nutzen?	Sprüchewand
10 Min.	**Anwärmer:** Abfrage der Erwartungen und Einstimmung auf die Zukunftswerkstatt mit einem Wortspiel.	Spielanleitung geben.	Leere Wandzeitung

Drehbuch-Beispiel

Realisation

Entgegen der ursprünglichen Planung wird die Erwartungsabfrage mittels vorbereiteter Wandzeitung (siehe Grafik) gleich zu Beginn der Zukunftswerkstatt durchgeführt. Der Grund dafür ist, dass einige TeilnehmerInnen bereits sehr früh eintreffen

Erwartungsabfrage

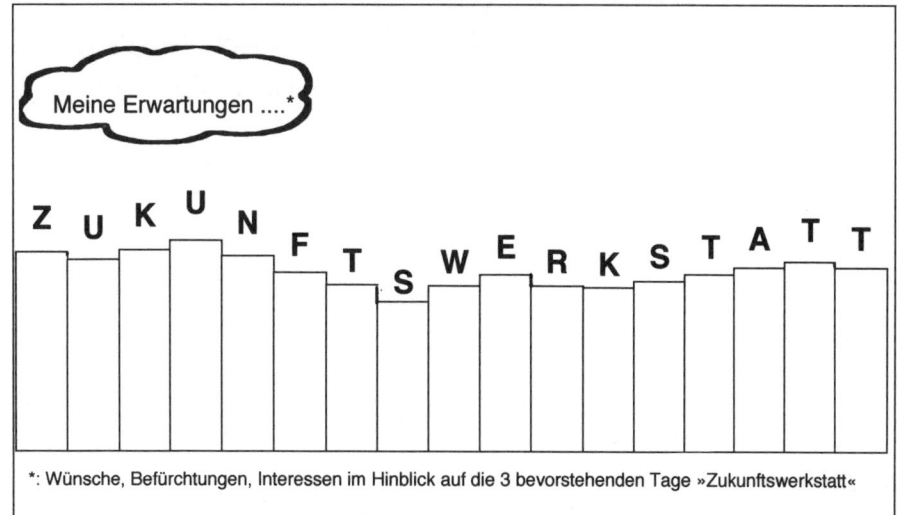

Wortspiel zwecks Erwartungsabfrage

und beschäftigt sein wollen. Da es außerdem noch Kaffee dazu gibt, ist dies ein genauso angenehmer wie fließender Übergang von der Alltagsrealität in die Werkstattarbeit, in die sich die nach und nach dazu kommenden Teilnehmer/innen ebenfalls einfinden, möglich. Erst danach versammeln sich alle im halboffenen Stuhl-

Werkstatt-Überblick

Poster zu Ablauf und Inhalten der geplanten Zukunftswerkstatt.

kreis, und es werden zunächst die wichtigsten Organisationsfragen geklärt (s.o.). Anhand eines vorbereiteten Posters, das Werkstatt-Motto, die Ziele, die geplanten Inhalte für die drei Phasen und die Philosophie zeigt, wird allen ein grober Gesamt-

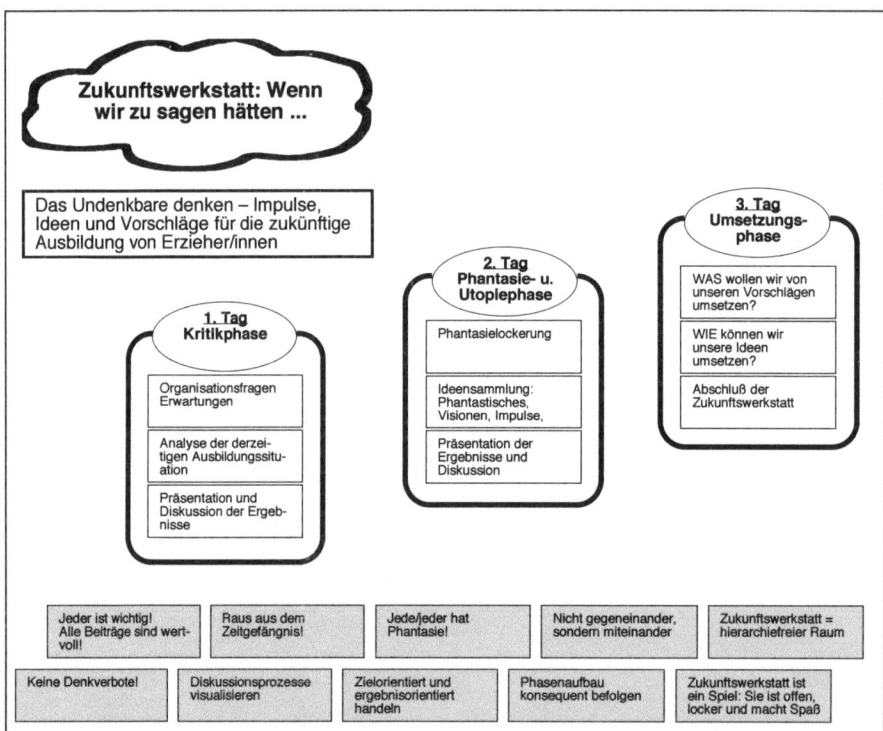

überblick über die Inhalte und Vorgehensweisen der Zukunftswerkstatt gegeben (siehe Abbildung). Dieses Poster bleibt für die Dauer der Werkstattarbeit für alle gut sichtbar im Raum und ermöglicht damit eine ständige Orientierung und Selbstkontrolle der Arbeitsfortschritte. Da es kaum Rückfragen gibt, wird diese Phase sehr schnell abgewickelt. Es ist spürbar, dass die Teilnehmer/innen endlich loslegen wollen – mit der Kritikphase.

6.1.3. Kritikphase

Planungsüberlegungen

Zu Beginn dieser Phase sind einige Hinweise zu den typischen Arbeitsweisen, Regeln und zentralen Begriffen notwendig. Im Hinblick darauf, dass die Teilnehmer/innen einerseits die bevorstehenden Arbeitsprozesse in den Kleingruppen selbst moderieren und andererseits ja auch gleichzeitig ihre methodischen Kompetenzen erweitern sollen, muss hier mit größter Sorgfalt vorgegangen werden. Um der Kritikphase die richtige Richtung zu geben, ist weiterhin eine genaue Aufgabenstellung, die weder zu offen noch zu einengend formuliert sein darf, vorzubereiten. Da es dabei um den Begriff »Ausbildung« gehen wird, muss dieser für alle Schüler/innen in etwa die gleiche Bedeutung, die gleichen inhaltlichen Dimensionen aufweisen.

ZEIT Sozialform	ARBEITSSCHRITTE UND PHASEN (Inhalte und Methoden)	HINWEISE Anmerkungen	MATERIAL Medien ...
(1. TAG) 15 Min.	**KRITIKPHASE** **Überblick** über Ziele, Vorgehensweise und Regeln.	Regeln und Hinweise sorgfältig einführen!	Gruppenarbeits-Poster Flip-Charts zu: - Kritikphase – Collage-Techn. – Ausbildung
Kleingruppen 45 Min.	**Negative Kritikpunkte sammeln.** **»Klagemauer« als Metapher.** **Mögliche Leitfragen:** »Wenn ich an meine Ausbildung zur Erzieherin bzw. zum Erzieher denke, dann missfällt mir vor allem ...« »Nach einem Jahr Erzieher/innen-Ausbildung an der Fachschule habe ich vor allem folgende Gründe zur Klage ...« »Wenn ich einem Freund oder einer Freundin die Nachteile der gegenwärtig praktizierten Ausbildung erklären sollte, dann würde ich vor allem folgende Schwachpunkte nennen ...« **Schwerpunkte setzen.**	Gruppen einteilen und mit Material, Medien, Fragestellung und Zeitplan ausstatten. Alternativ: 635-Methode oder Zuruf-Methode	DIN-A3 - Poster DIN-A4-Infos Tafel, Karten, Stifte, Kleber, Papier, Klebepunkte
45 Min.	**Positive Kritikpunkte sammeln.** **»Früchte-Baum« als Metapher.** **Mögliche Leitfragen:** »Echte Stärken am momentanen Ausbildungssystem sind nach meiner Einschätzung folgende Dinge ...« »Wenn ich jemanden für die Ausbildung zum/zur ErzieherIn werben müsste, dann würde ich vor allem folgende Stärken in der Ausbildung hervorheben...« "Wenn ich völlig freie Hand für die Gestaltung der Erzieher/innen-Ausbildung hätte, dann würde ich von der momentanen Ausbildung folgendes übernehmen...« **Schwerpunkte setzen.**	Alternativ: »Baum der Erkenntnis« oder »Ausbildungs-Bonbons«	Tafel, Karten, Stifte, Kleber, Papier, Klebepunkte
Plenum 70-90 Min.	**Präsentation und Diskussion der Ergebnisse.** Wo gibt es Gemeinsamkeiten, wo Unterschiede in der kritischen Würdigung der derzeitigen Ausbildung?		
Plenum/ Einzeln 15 Min.	**Stimmungsbild.** Nach der kognitiven Herangehensweise an die Vor- und Nachteile der derzeitigen Ausbildung wird die Analyse durch das Malen eines »Stimmungsbildes« auf der emotionalen Ebene abgeschlossen. **Anmoderation** per Phantasiereise. Das fertige Bild am Ende durch einen Satz kennzeichnen. Die Bilder nicht weiter diskutieren, vorstellen, sondern für sich stehen lassen.	Didaktische Reserve? Mit Musik unterlegen. Sprüchewand	Leere DIN-A3 Bögen, Wachsmaler, Buntstifte Kassettenrekorder und Entspannungskassette

Ziele:
Es geht um das Kennenlernen und Anwenden von Regeln zur Kritikphase, Karten-Technik, Regeln zur Kleingruppenarbeit und von Moderationstechniken.
Ferner sollen die Schüler/innen ihre Ergebnisse präsentieren und diskutieren

Drehbuch-Beispiel, Regeln für die Kritikphase, Klagemauer, Früchtebaum, 6-3-5-Methode

In der Kritikphase sollen in erster Linie negative, aber auch positive Stichpunkte, Aspekte zur Sprache kommen (eher kognitive Ebene). Dabei soll mit der Moderationsmethode gearbeitet werden.

Abgerundet wird die Kritikphase durch das Malen eines **Stimmungsbildes** zum Thema (eher emotionale Ebene) und durch eine kurze **Tagesrückmeldung** der Schüler/innen.

Realisation

Über die Arbeitsweise in der Kleingruppe informiert das vorbereitete Poster (siehe Abbildung). Es wird ausführlich und mit Beispielen erklärt, wie sich eine Kleingruppe »ihren Arbeitsplatz« gestaltet und wie die weiteren Bearbeitungsprozesse zu

Gruppenarbeit: Empfehlungen ...

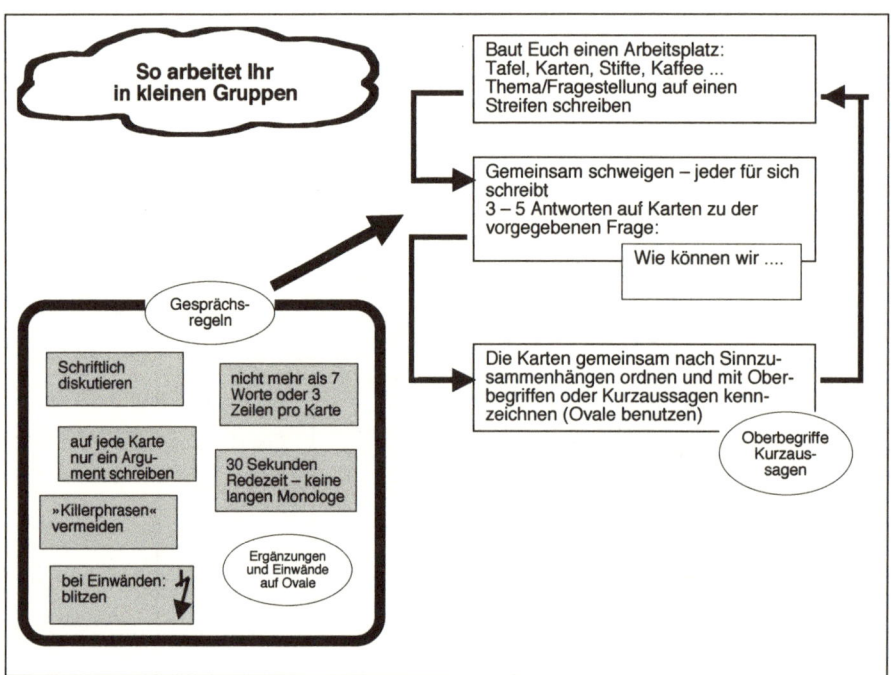

moderieren sind. Besonders nachdrücklich wird auf die Notwendigkeit verwiesen, von Beginn an eine Person aus der Kleingruppe mit den anfallenden Moderationsaufgaben (Ergebnisse sammeln, ordnen, Oberbegriffe finden, Zeitbudget einhalten, Präsentation vorbereiten u.Ä.) zu betrauen – selbstverständlich kann diese Rolle im Rotationsverfahren weitergegeben werden.

Wichtig ist auch, dass daran gedacht wird, für die Präsentation und die Diskussion der Ergebnisse jeweils einen oder eine Verantwortliche zu haben.
Die unter dem Stichwort »Gesprächsregeln« subsumierten Hinweise zur Benutzung der Kärtchenmethode werden noch ergänzt durch eine Übersicht zur Karten-Technik.
Bevor die Gruppen dann endlich in die Kritikphase eintreten, werden ergänzend noch die Regeln bzw. Empfehlungen zu dieser Phase vorgestellt (siehe Abbildungen nächste Seite).

Karten-Technik

- Sammeln, ordnen, auswählen.
- Alle Karten anpinnen – keine fällt unter den Tisch.
- Karten laut vorlesen beim Anpinnen.
- Alle Beiträge sind gleich viel wert.
- Verständnisfragen sind erlaubt.
- Gegensätzliches stehen lassen: Blitzen.
  Ergänzungen auf Ovale daneben.
- Freie Flächen lassen.
- Karten ordnen – »clustern«
- Ergänzen und weiterentwickeln: Weitere Karten?
- Karten-»Häufchen« (Cluster) mit dickem Stift umrahmen.
- Oberbegriffe/Kurzaussagen auf Kreise/Ovale.
- Cluster fixieren/kleben.
- Ablauf der Ergebnis-Präsentation klären.

Regeln für die Kritikphase

- Schriftlich diskutieren --> visualisieren!
- Frust, Ärger, Unmut, Kritik loswerden.
- Keine unendliche Ursachenanalyse betreiben.
- Diskussionsbedarf innerhalb der Kleingruppe abdecken.
- Keine Monologe – 30 Sekunden-Regel.
- Zeitbudget einhalten – Gefahr des Ausuferns.
- Auch in der Kritikphase keine Killersprüche.
- Kritik nur an Sachen und Zuständen, nicht an Personen.

Karten-Technik
Regeln Kritikphase

Diese Regeln sind kein Dogma – bitte als Empfehlungen verstehen.

6.1.4. Phantasie- und Utopiephase

Planungsüberlegungen

Der zweite Tag, der eigentlich ausschließlich für die Phantasiephase gedacht ist, wird im Sinne einer rollenden Planung geringfügig geändert. Das »Stimmungsbild«, das den ersten Tag abschließen sollte, wird stattdessen den zweiten Tag einleiten.

Dann geht es wie geplant weiter: Nach einem kurzen Tagesüberblick und Hinweisen zum weiteren Vorgehen werden mehrere Phantasielockerungsübungen durchgeführt. Danach soll es möglichst ohne größere Verzögerungen den Übergang zur Phantasie- und Utopiephase geben. Kurze Erinnerung an die wichtigsten Regeln des Brainstormings und Erläuterung der auf einem extra Aufgabenblatt vorgeschlagenen Arbeitsweisen (wichtig: das Brainstorming soll durch **assoziativ-intuitive Verfahren** angereichert werden; die Präsentationen sollen mit kreativen Mittel gestaltet werden). Die Basis für die Ideensammlungen sind die Kritikthemen des Vortags: die Gruppen sollen sich auf maximal drei Themen einigen und diese dann

gemäß Aufgabenstellung bearbeiten. Die Phantasiephase endet mit den bereits genannten Präsentationen – die einzelnen Phantasiethemenkreise werden möglicherweise dann noch von den Schüler/innen bewertet.

Drehbuch-Beispiel

Ziele:
Phantasie-Lockerungs-übungen, Brainstorming und andere Ideenfindungstechniken kennen lernen und anwenden. Kreative Ergebnispräsentationen vorbereiten, durchführen und im Plenum diskutieren.

Brainstorming-Regeln
Brain-Gym-Übung
Spots in Movement
Erfinderspiel
Gegenstands-Assoziationen
Kreativer Spaziergang
Präsentationsmöglichkeiten

ZEIT Sozialform	ARBEITSSCHRITTE UND PHASEN (Inhalte und Methoden)	HINWEISE Anmerkungen	MATERIAL Medien ...
2. TAG Plenum 15 Min.	**PHANTASIEPHASE** **Überblick** über Ziele, Vorgehensweise und Regeln.	Brainstorming-Regeln betonen. Notwendigkeit der Lockerungsübungen begründen.	Flip-Chart zu: Brainstorming
30 Min.	**Phantasie-Lockerungsübungen** Edu-Kinestetik (Brain-Gym-Übungen) Spots in Movement und Redensarten szenisch darstellen: »Einen Stein ins Rollen bringen.« »Die Welt aus den Angeln heben.« »Die Sau rauslassen.« usw. Knotenlösen	Oder: Erfinderspiel Wofür ist das gut?	Diverse Gegenstände, Karten mit Begriffen, Kass.-rekorder und flotte Musik
Kleingruppen 60 Min.	**Ideensammlung** (Basis: neg. Kritikschwerpunkte) »**Traumschloss**« **als Metapher.** **Mögliche Leitfragen:** »Wie lassen sich die ausgewählten Kritikschwerpunkte mit viel sozialer Phantasie und Weitblick lösen?« »Angenommen, Ihr habt die Macht und die Möglichkeiten (Geld, Einfluss ...) die Erzieherausbildung nach Euren Vorstellungen zu gestalten: Welche Verbesserungen und Lösungsmöglichkeiten für die genannten Problemschwerpunkte seht Ihr?« »Welche Möglichkeiten gibt es, die genannten Probleme zu lösen und sinnvolle Erneuerungen für die Erzieher/innenausbildung einzuführen? Eure Vorschläge, Ideen, Visionen, Träume ....« 1. **Runde:** per Kartenabfrage 2. **Runde:** per Gegenstands-Assoziationen 3. **Runde:** Kurzer Spaziergang u. mit »Links« schreiben **Vorschläge ordnen** (so weit möglich). **Vorschläge bewerten** (Punktabfrage). »Was ragt aus den Vorschlägen, Ideen ... als besonders überraschend, reizvoll und packend heraus?«	Schnell zur Ideensammlung wechseln!!! Runde 2 und 3 als Anreicherung.	DIN-A4-Info Brainstorming Tafel, Karten, Stifte, Kleber, Papier, Klebepunkte
45 Min.	**Kreative Präsentation vorbereiten** (als Einstieg). »Wie können wir die Ergebnisse den anderen auf möglichst spannende Weise mitteilen?«	Z.B. Standbild, Poster, Theater, Pantomime ...	Material nach Bedarf zur Verfügung stellen.
Plenum 70-90 Min.	**Präsentation der Ergebnisse** (Ideenspeicher für Phantasiethemenkreise?) **Bewertung der Vorschläge im Plenum?**	Alternative für Ideenspeicher: Gruppen arbeiten mit ihren Vorschlägen weiter.	Wandzeitung Klebepunkte

Realisation

Stimmungsbilder

Das Malen der Stimmungsbilder wird durch eine kurze Phantasie eingeleitet. Die Idee dazu ist in Anlehnung an eine Malübung von B. Edwards (1987, S. 130ff.) entstanden, in der es darum geht, Problemanalogien zu zeichnen. Ein Problem wird möglichst als Kritzelbild gezeichnet, in der visuellen Parallelsprache abgebildet.

Aus der Sicht von Edwards ist dies ein erster brauchbarer Schritt einer kreativen Problemlösung. Gleichzeitig wird darauf vertraut, dass die emotionalen und intuitiven Anteile dieser Technik eine entscheidende Ergänzung zur Ratio darstellen und zur **Qualitätsverbesserung** beitragen.

Das Malen der Bilder dauert nur 5–10 Minuten einschließlich des kommentierenden Satzes. Die Bilder werden sofort aufgehängt, von allen betrachtet und im Rahmen einer kurzen Vernissage, in der sich in kleinen Gruppen über die Bilder unterhalten wird, kritisch gewürdigt.

Die Phantasiephase wird mit einem erinnernden Hinweis auf die Zielstellung (Poster) und den geplanten weiteren Verlauf eingeleitet. Die Bedeutung und Notwendigkeit der bevorstehenden Lockerungsübungen wird besonders betont. Neu sind für die Teilnehmer/innen die an dieser Stelle vorgetragenen Regeln zur Brainstorming-Technik. Da es keine besonderen Nachfragen gibt, wird ohne große Zeitverzögerung mit den Lockerungsübungen begonnen.

Brainstorming-Regeln

- Jede/r hat Phantasie!
- Den Ideen freien Lauf lassen:
  – Keine Zensur im Kopf.
  – Kein Denken an Sachzwänge.
  – Gegensätzliches stehen lassen.
  – Keine Killerphrasen.
  – Phantasie hat keine Grenzen.
  – Jede Idee ist erlaubt.
  – Je kühner und verrückter, desto besser.
  – Das sonst Undenkbare denken!
  – Mut zum Ungewöhnlichen.
- Klare Trennung von Ideenentwicklung und Bewertung:
  – Alles gleich notieren, auf Menge gehen.
  – Erst sammeln, später diskutieren.
  – Keine Kartenbegrenzung
- Nach dem ersten »Gehirnsturm«:
  – Karten anpinnen und ggf. erläutern.
  – Weitere Ideen sammeln.
- Miteinander denken:
  – Die Ideen von anderen aufgreifen und weiterentwickeln!

Ideensammlung

Leitfrage: Welche Möglichkeiten gibt es, die genannten Probleme zu lösen und sinnvolle Erneuerungen für die Erzieher/innen-Ausbildung einzuführen? Eure Vorschläge, Ideen, Visionen, Träume ....

1. Einigt Euch in der Gruppe auf 3 Themen/Problembereiche (maximal).
2. Bearbeitet diese nach dem Schema für Gruppenarbeit (per Kartenabfrage).
3. Um die Ergebnisse dieses ersten Durchgangs inhaltlich anzureichern, benutzt bitte eine der nachfolgenden 2 Möglichkeiten:

A) Gegenstands-Assoziationen

Holt Euch 5 beliebige Gegenstände ab. Nehmt den ersten Gegenstand und schreibt Eure Assoziationen auf, die Ihr bei der willkürlichen Verbindung von Gegenstand und Problemlösefrage habt.

Auch hier kommt es auf Schnelligkeit und Masse an. Wenn der Ideenstrom versiegt, den nächsten Gegenstand wählen.

B) Kreativer Spaziergang

Macht einen kurzen Spaziergang von 10-15 Minuten Dauer. Schreibt im Gehen zur Problemlösefrage weitere Lösungen. Verwendet beim Schreiben jene Hand, mit der Ihr normalerweise nicht schreibt (bei den meisten wäre das also die linke Hand).

4. Bereitet für die Ergebnispräsentation einen kreativen Einstieg vor.

Leitfrage: Wie können wir unsere Ergebnisse den anderen auf möglichst spannende Weise mitteilen?

Brainstorming-Regeln und Aufgabenblatt mit Anleitungen für die Ideensammlungen.

Brain-Gym-Übungen Spots in Movement

Begonnen wird mit einer Brain-Gym-Übung aus dem Bereich der Edu-Kinestetik. Durch die Aneinanderreihung von bestimmten Überkreuzbewegungen der Hände und Arme werden die linke und rechte Hirnhälfte wachgemacht und integriert.

Die **Stimmung** wird weiter gesteigert durch die Übung Spots in Movement. Der psychologische Pfiff dieser Übung ist, dass die Teilnehmer/innen am Ende der Spots-Reihe lauter Aufträge bekommen, die mental auf die bevorstehende Phanta-

siephase vorbereiten. Bei den Spots geht es beispielsweise darum, szenisch folgende Redensarten darzustellen: Die Welt von oben sehen. – Gegen den Strom schwimmen. – Zu neuen Ufern kommen.– Einen Stein ins Rollen bringen. – Das unterste zu oberst kehren. – Die Welt aus den Angeln heben.

Wozu ist das gut? Erfinderspiel Knotenübung

Die als didaktische Reserve eingeplanten Spiele Wozu ist das gut? und Erfinderspiel werden weggelassen, da die **Atmosphäre** bereits jetzt sehr locker, fröhlich und energiegeladen ist.

Die Knotenübung, die auch als Metapher für das Lösen von Knoten im Kopf, in der Gruppe usw. gesehen werden kann, leitet über zu Weiterarbeit.

Ausgestattet mit den Aufgabenstellungen (siehe oben) und den notwendigen Erklärungen gehen die Gruppen in die eigentliche Phantasiephase, für die sie vom Moderator die Metapher »Das eigene Traumschloss gestalten« mit auf den Weg bekommen. Die Kleingruppen, die in ihrer Zusammensetzung denen des Vortags entsprechen, arbeiten dabei zunächst mit Kärtchen nach der Brainstorming-Methode. Als Anreicherung dieser Ergebnisse wird eine zweite Runde mit der Methode Gegenstands-Assoziationen (siehe oben) durchgeführt. Ergänzend dazu machen die Gruppen einen »kreativen Spaziergang«. Im Gehen werden dort auf Kärtchen mit der schreibungewohnten Hand weitere Ideen gesammelt.

Revueartiger Einstieg in die Ergebnispräsentation.

Der Beginn der **Präsentationsphase** ist furios – die erste Gruppe eröffnet ihre Präsentation sehr dynamisch mit einer Art »Nummern-boy-and-girl-Revue«, die die in der Abbildung gezeigten »Aufforderungen« an das Plenum enthält. Die Miniposter werden nacheinander von den Gruppenmitgliedern vor dem Hintergrund

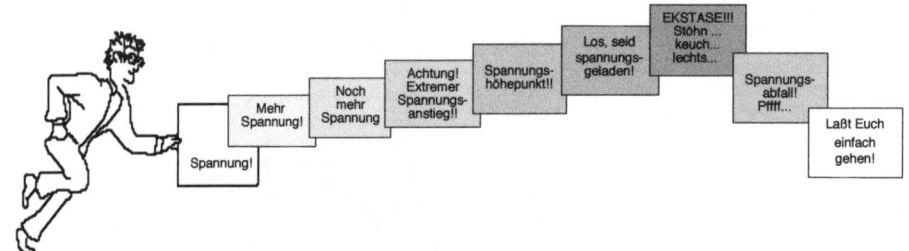

ihrer Arbeitsergebnisse vorgeführt – und natürlich erhalten sie vom Plenum die provozierten Reaktionen. Die Ergebnisse werden vorgetragen, die Klärung von Verständnisfragen und kurze Diskussionen einiger Inhalte (Z.B.: Wozu Zeugnisse für Lehrer/innen? Was bedeutet »Männerquote« bei der Zulassung zur Erzieher/innenausbildung? Wie ist »Mehr Ehrlichkeit« zu verstehen?...) runden die Präsentation ab.

Präsentations-Intro per Rollenspiel.

Die zweite Gruppe benutzt als Einstieg für ihre Präsentation ein kleines Rollenspiel. Inhalt: Schüler/innen der Fachschule treffen sich an einem fiktiven Ort und träumen von einer besseren Schule. In die Dialoge, Wortfetzen, Gefühlsausbrüche, Appelle usw. sind die von ihnen erarbeiteten Lösungsvorschläge, Ideen, Phantasien eingebettet. Anschließend trägt ein Gruppenmitglied noch einmal alle Kärtcheninhalte in geordneter Form vor, die dann im Plenum diskutiert werden.

Die dritte Gruppe referiert ihre Ergebnisse auf traditionelle Weise.

6.1.5. Umsetzungsphase

Planungsüberlegungen

Die Umsetzungsphase setzt auf schon bewährte Ablaufelemente: Erinnerung an die Zielstellung, Hinweise zur Arbeitsweise und den Regeln, Betonung der **Produkt-**

ZEIT Sozialform	ARBEITSSCHRITTE UND PHASEN (Inhalte und Methoden)	HINWEISE Anmerkungen	MATERIAL Medien ...
3. TAG **Plenum** 15 Min.	**UMSETZUNGSPHASE** (Basis: Phantasiethemenkreise) **Überblick** über Ziele, Vorgehensweise und Regeln.	Noch einmal für Ausstellung, Fish-Bowl-Diskussion und Teilnahme an Konzeptionstagen werben!!! Hinweis auf Thema für Projekt geben. --> Früchtebaum vom Montag (?)	Flip-Chart zu: Umsetzungsphase
Kleingruppen 120 Min.	**Umsetzung: Was geht wie?** **Leitfragen:** »Was wollen wir von unseren Vorschlägen umsetzen?« »Welche unserer Ideen sollten weiterverfolgt und ausgearbeitet werden?« »Welche Ideen eignen sich, um daraus konkrete Vorhaben, Projekte oder Aktionen zu machen?« »Wie wollen wir unsere Ideen umsetzen?« »Wie könnten wir einen Ideenkern durch Veränderung, Kombination mit anderen usw. brauchbar machen?« **Planung und Ausarbeitung** Erarbeitung von Strategien und konkreten nächsten Planungsschritten. Eventuell konzeptionelle Skizzierung möglicher Projekte. Herstellen von Dokumentations- und/oder Info-Material. Vorbereitung von geeigneten Aktionen.	Ideenspeicher und Neigungsgruppen bilden oder in alten Gruppen weiterarbeiten lassen.	Wandzeitungen mit erarbeiteten Vorschlägen. Tafel, Karten, Stifte, Kleber, Papier, Klebepunkte ... DIN-A3-Poster: Palette von ...
Plenum/ Kleingruppen 60 Min.	**Präsentation der Umsetzungsideen und »Prüfung«** Ideen-TÜV: Die Kleingruppen erstellen ein »Kurzgutachten« für jeweils einen Realisierungsvorschlag (Projektskizze, Aktion ...) einer anderen Gruppe	Alternative: Plenums-Gespräch: »Funktionieren unsere Ideen?«	
Plenum/ Einzeln 30 Min.	**Abschluss:** Zusammenfassung und Resümee. Feedback zur Zukunftswerkstatt einholen. »Wenn wir zu sagen hätten ...« per Kartenabfrage als Ausdruck einer persönlichen Schwerpunktsetzung. Abschlussfoto vor ausgewähltem Poster o.Ä. **ENDE ?** **Weiteres Vorgehen** Je nach Planungen der Gruppen kommen eine Reihe von Folgeaktivitäten infrage: • Termine festlegen • Räume ordern • Schulleitung, KollegInnen etc. informieren • Dokumentation schreiben • Weiteren Werkstatt-Tag organisieren • Materialien besorgen	Ggf. durch Blitzlicht ersetzen.	Fragebogen Kamera, Stativ Außerdem: Kamera, Stativ, Kaffee, Kekse, Flip-Chart-Bögen, gute Laune, Inspiration ...

Drehbuch-Beispiel
Umsetzungsphase-Regeln
Ideen-TÜV

**Ziele:
Regeln zur Umsetzungsphase kennen lernen und anwenden,
Projektskizzen erarbeiten, prüfen und revidieren.
Projektplanungen im Detail ausarbeiten.
Selbstorganisiertes Arbeiten in der Gruppe weiter entwickeln und geeignete Präsentationsformen vorbereiten.**

 **orientierung**, Werbung für den Partizipationsgedanken. Die Umsetzungsideen, Planungsskizzen usw. werden in Kleingruppen erarbeitet und sollen dann dem Plenum zwecks kritischer Stellungnahme vorgestellt und ggf. noch einmal überarbeitet werden.

Am Ende der Zukunftswerkstatt soll ausreichend Zeit für ausführliche Rückmeldungen der Schüler/innen sein. Außerdem ist Zeit für eventuell anfallende Planungsüberlegungen zum weiteren Vorgehen einzukalkulieren.

Realisation

Im Kurzüberblick wird noch einmal an die Ziele und die heutige Aufgabenstellung erinnert. Diskussion und Kritik löst die bei den Regeln aufgestellte Formulierung »Utopische Vorstellungen in die realen Bedingungen übersetzen« aus. Die Erklärung des Moderators, hier gehe es darum, die erarbeiteten Vorschläge so herunterzubrechen, dass sie eine echte Realisierungschance haben, überzeugt nicht alle gleichermaßen. Die dahinter liegende Idee einer »sanften Landung« in der Wirklichkeit, durch die Frustration und Demotivation vermieden werden soll, wird erst nach kurzer, aber intensiver Diskussion akzeptiert.

Die Frage des Moderators, wie die Organisation der Weiterarbeit erfolgen soll, führt zu dem Vorschlag der Teilnehmer/innen, dass sich jede(r) gemäß seinen/ihren Interessen und Neigungen einem der Phantasiethemen zuordnet. Die so entstehenden Kleingruppen überlegen dann selbst, wie sie alle weiteren Schritte planen und ausführen wollen. Dieser Schritt wird dann auch zügig durchgeführt.

Die Phase der Gruppenarbeit nimmt etwa zwei Stunden in Anspruch. Anschließend werden die Ergebnisse im Plenum präsentiert, diskutiert und kritisch geprüft. Es wird deutlich, dass ein Teil der vorgeschlagenen Maßnahmen sofort umgesetzt werden kann. Andere Vorschläge bedürfen zunächst der Zustimmung durch die Schulleitung bzw. müssen über die Schüler-Vertretung abgesegnet werden.

Nach einer kurzen Zusammenfassung der Arbeiten und Ergebnisse der drei Tage Zukunftswerkstatt wird in der Abschlussdiskussion die Frage gestellt, ob und wie denn weitergearbeitet werden solle. Die Antwort per Meinungsaustausch und anschließender Abstimmung ergibt ein klares Votum für Weiterarbeit.

Feedback einholen | Der dritte Tag, die Umsetzungsphase, wird mit einer kurzen Abschlussrunde und dem Austeilen von Feedback-Fragebögen beendet.

6.2. Fazit

Die Arbeit in der Zukunftswerkstatt trägt augenscheinlich mit dazu bei, dass Teilnehmer/innen mit sehr unterschiedlichen Erfahrungs- und Lebenshintergründen miteinander ins Gespräch kommen, sich besser kennen lernen und sich um gegenseitiges Verstehen bemühen.

Ins Gespräch kommen

Das Sich-bewusst-werden der eigenen Schul- und Ausbildungssituation führt zu einer Politisierung, die sowohl durch das Finden von Gemeinsamkeiten als auch durch das Austragen von Konflikten gekennzeichnet ist. Der in den Kleingruppen erarbeitete Konsens wirkt sich positiv auf das Gruppengefühl aus und bietet sich als gute Ausgangsbasis für engagierte Projektplanungen (Schulrenovierung durch Kooperation von Fachschule und gewerblicher Berufschule, Mobilisierung von Schülerinteressen per Schüler-Vertretung, Neuorganisation des Ausbildungs- und Unterrichtsgeschehens, Klassenklima: Miteinander reden satt übereinander) an. Gleichzeitig stoßen die Gruppenmitglieder an die Grenzen ihres eigenen Wollens, werden durch das Plenum in ihrem Tatendrang gebremst. Aus den vielfältigen Abstimmungs-, Einigungs- und Auswahlprozessen während der Arbeit resultieren quasi nebenbei positive Effekte für demokratisches Verhalten.

Impulse für die Gruppendynamik

Zeitweilig herrscht eine euphorische Stimmung, die motiviert und beflügelt. Der Umgang mit eher schuluntypischen Methoden, ein entspanntes Verhältnis der Schüler/innen untereinander (und zwischen Lehrer und Schüler/innen), gute Ergebnisse in den Arbeitsgruppen, gleichmäßige Beteiligung aller Teilnehmer/innen und die Chance, gestaltend auf Schule und Ausbildung Einfluss nehmen zu können, mögen für diese gute Stimmungslage ursächlich sein. Fähigkeiten und Kräfte kommen plötzlich zum Vorschein, die wiederentdeckten sozialen Phantasien stimulieren, provozieren neue Sichtweisen, eröffnen Räume für neues Denken und Handeln. Das Selbstwertgefühl und das Vertrauen in die eigenen Potenziale werden sichtbar gestärkt.

Euphorie setzt Kräfte frei, öffnet gedankliche Spielräume.

Die Intensität der fachlichen Auseinandersetzung ist höher als bei üblichen Diskussionen und steigert das Maß der emotionalen Beteiligung - Freude, aber auch Enttäuschungen werden tiefer als sonst üblich empfunden und entsprechend deutlich artikuliert.

Der Wechsel von der Lehrerrolle zum Moderator zwingt die Teilnehmer/innen zum Umdenken. In der Regel bringen die Teilnehmer/innen mehrere Jahre sehr spezifischer Schulerfahrungen mit. Diese meist sehr einseitige Form der Schulsozialisation äußert sich u.a. darin, dass sehr lehrerzentriert gedacht und gehandelt wird. Aus diesem Blickwinkel heraus betrachtet sind Lehrer/innen diejenigen, die alle Prozesse des Unterrichts steuern, für die Informationsbeschaffung und -vermittlung

Der Lehrende als Moderator – ein unbekanntes Wesen ...

Erkenntnis beruht nicht auf »richtig« oder »falsch«.

verantwortlich sind und am Ende die Leistungen beurteilen (meist ohne Mitsprache der Schüler/innen). Die Werkstattarbeit fordert dagegen von ihnen, dass sie in wesentlich höherem Maße selbstverantwortlich und initiativ die inhaltliche Arbeit voranbringen. Diese Form der Selbststeuerung schließt ebenso das Treffen notwendiger Entscheidungen mit ein. Sich dabei von der Autorität der Lehrer/innen zu lösen ist zunächst unbequem, kostet Überwindung und wird erst in der Rückschau als persönlicher Lernzuwachs gedeutet.

Eine weitere neue Erfahrung für die Teilnehmer/innen ist, dass sie in der Werkstattarbeit die üblichen Kategorien »richtig« und »falsch« als unbrauchbar erleben und stattdessen erkennen müssen, dass die Ergebnisse zunächst nur im Kontext ihrer Gruppe, vielleicht auch gerade noch im Plenum Bestand haben – dabei jedoch keineswegs endgültig sind. Vor diesem Hintergrund ist die Bedeutung und Rolle der Lehrer/innen als Moderator/innen aus Teilnehmersicht schwer einschätzbar und bedarf einer intensiven Vorbereitung. Dabei sind der Verweis und die Darstellung der Funktionen von Moderator/innen in der Werkstattarbeit notwendige, aber keineswegs hinreichende Informationen. Ebenso wichtig ist es darüber hinaus, das Verständnis und Vertrauen der Teilnehmer/innen für diese neue Lehrerrolle zu gewinnen. Das kostet Zeit und erfordert letztendlich eine häufigere Durchführung von Workshops, Seminaren, Zukunftswerkstätten usw.

7. Die Szenariotechnik in der »Theorie«

7.1. Zur Entstehung der Szenariomethode

Der Begriff »Szenario« tauchte zum ersten Mal auf, als Herman Kahn im Rahmen strategischer Planungen der USA zu Beginn der 50er-Jahre **militärstrategische Planspiele** entwickelte, die er Szenarien nannte.

Diese Szenarien waren zum größten Teil Beschreibungen militärischer Gefechtsfeldsituationen, wobei die Aufgabe der Planer darin bestand, innerhalb vorgegebener Rahmenbedingungen so erfolgreich wie möglich zu operieren, um den Sieg sicherzustellen.

In den 70er-Jahren wurden Studien des Club of Rome »Die Grenzen des Wachstums« (Meadows 1972) und »Menschheit am Wendepunkt« (Pestel 1974) bekannt. Neu war, dass komplexe **Zusammenhänge** und **Wechselwirkungen** erstmals in einer deutlichen Konsequenz aufgezeigt wurden. Den Autoren dieser Szenarien ging es nicht um Rechthaberei, sondern vielmehr darum, die Verantwortlichen aufzurütteln, damit diese alle Anstrengungen unternehmen, um das Eintreten solcher Szenarien abzuwenden.

Anfang bis Mitte der 70er-Jahre kam die strategische Planung als wichtiges Instrument der Unternehmensführung nach Europa, wo sie bis heute unverzichtbarer Bestandteil geblieben ist.

In jüngster Zeit findet diese Methode auch Anwendung über den militärischen und wirtschaftlichen Bereich hinaus, u.a. in Schule und Hochschule.

Szenariotechnik: Kein Sandkastenspiel

Die Grenzen des Wachstums und daraus resultierende Konsequenzen durch Szenarien aufzeigen.

7.2. Begriff und Definition der Szenariotechnik

Der Einzug der Szenariotechnik in den wirtschafts- und sozialwissenschaftlichen Unterricht an Schulen/Hochschulen vollzieht sich nur langsam, obwohl die Methode schon länger bekannt ist. Die Technik wird meistens dann angewandt, wenn es um die Lösung von Zukunftsproblemen, um globale Weltmodelle oder um langfristige Entwicklungsprognosen geht. Daneben nimmt der **Kommunikations- und Ideenfindungsprozess** einen immer wichtiger werdenden Stellenwert ein. Folgende **Charakteristika** unterscheiden die Szenariotechnik von anderen Ansätzen:

»– ganzheitliches und systematisches Denken statt isolierend-abstrahierender, zusammenhangloser und reduktionistischer Sichtweisen,

Kennzeichen der Szenariotechnik

- organischer statt mechanistischer und deterministischer Denkweise,
- Prozessdenken statt Strukturdenken« (König 1988, S. 279).

Szenarien sind weder Prognosen, die sich lediglich auf quantitative Informationen aus Vergangenheit und Gegenwart beziehen, noch utopische Phantasien, wie sie z.B. in einer Zukunftswerkstatt entstehen.

Die Szenariotechnik verbindet vielmehr quantitative Daten und Informationen mit qualitativen Informationen, Meinungen und Einschätzungen. Das Resultat ist eine detaillierte Beschreibung einer oder mehrerer möglicher Zukunftssituationen unter ganzheitlichem Aspekt.

Szenariomethode fördert Kreativität, Phantasie, Aktivität, interdependentes und vernetztes Denken.

Die Szenariomethode fördert Kreativität, Phantasie und Aktivität sowie interdependentes und vernetztes Denken. Szenarien berücksichtigen gleichzeitig verschiedene Gesichtspunkte eines sich unterschiedlich entwickelnden Problemfeldes und skizzieren mögliche Zukunftssituationen. Die Betrachtungen sind unter Einbezug quantitativer und qualitativer Informationen multidimensional, die Anzahl der Prognosen nicht beschränkt.

Die Szenariotechnik orientiert sich an der Gegenwart und versucht, anhand unterschiedlichster Entwicklungsfaktoren die Zukunft umfassend zu beschreiben. Diese Zukunft kann niemals objektiv und allgemein gültig sein, sie kann jedoch mögliche und wahrscheinliche Entwicklungen aufzeigen.

Dabei stellen die Szenarien die Beschreibung einer zukünftigen Situation sowie die Entwicklung des Weges aus der Gegenwart in die Zukunft dar.

Prognosen wagen.

Einerseits werden für die entsprechenden Themen wichtige Faktoren entwickelt, die empirisch nachvollziehbar sind, andererseits werden entstehende Lücken bis zum endgültigen Zukunftsbild mit Phantasie und Kreativität geschlossen. Das bedeutet, der Betrachter fragt sich, wie die Zukunft im Jahre X aussehen könnte, wenn er unter Zuhilfenahme aktueller Erkenntnisse, in Verbindung mit seiner eigenen Phantasie, ein Bild entstehen lässt.

7.3. Merkmale und Eigenschaften der Szenariomethode

Die Merkmale und Eigenschaften der Szenariomethode lassen sich am besten mithilfe des sogenannten »**Szenariotrichters**« veranschaulichen. Dieser zeigt die drei Grundtypen eines Szenarios (siehe Abbildung nächste Seite).

Die Gegenwart beginnt immer am engsten Punkt des Trichters. Dieser symbolisiert Komplexität und Unsicherheit, bezogen auf die Zukunft: Je weiter man von der gegenwärtigen Situation in die Zukunft geht, desto größer wird die Unsicherheit und desto umfassender und vielfältiger wird die Komplexität.

In der Regel operieren Szenarien mit drei **Planungshorizonten**:
- kurzfristige Szenarien (Entwicklung der gewählten Problematik für die nächsten fünf bis zehn Jahre),
- mittelfristige Szenarien (ca. elf bis zwanzig Jahre) und
- langfristige Szenarien (über zwanzig Jahre).

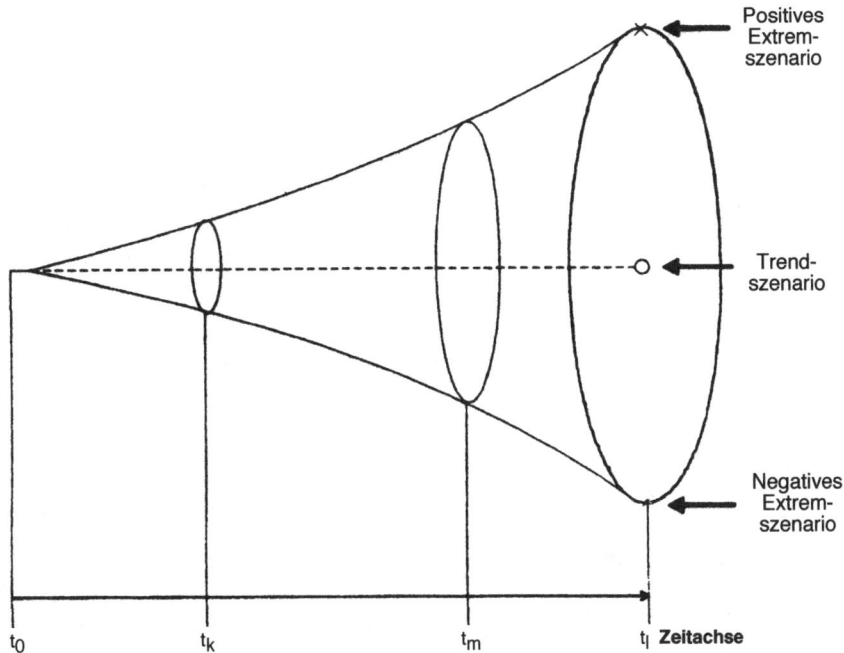

Szenarien operieren mit drei Planungshorizonten: kurzfristige, mittelfristige und langfristige Einschätzungen.

Die Schnittfläche des Szenariotrichters gibt die Summe aller denkbaren und theoretisch möglichen Zukunftssituationen für den angepeilten Zeithorizont wieder. Der Vorteil der Szenariotechnik liegt unter anderem darin, dass nur **drei Grundtypen** von Szenarien zu entwickeln sind, um so alle möglichen und empirisch wahrscheinlichen Szenarien beschreiben zu können:
- ein positives Extremszenario:
  es bezeichnet die günstigstmögliche Zukunftsentwicklung,
- ein negatives Extremszenario:
  es bezeichnet den schlechtestmöglichen Entwicklungsverlauf,
- ein Trendszenario:
  es beinhaltet die Fortschreibung der heutigen Situation in die Zukunft.

In Anlehnung an Reibnitz müssen Szenarien folgende Kriterien erfüllen:
1. Größtmögliche Stimmigkeit, Konsistenz und Widerspruchsfreiheit innerhalb eines Szenarios. Einzelne Entwicklungen dürfen sich nicht gegenseitig aufheben.
2. Größtmögliche Stabilität der Szenarien. Stabilität bedeutet, dass die Szenarien nicht bei kleineren Erschütterungen oder Veränderungen einzelner Faktoren in sich zusammenbrechen.

Anforderungskriterien für Szenarien

3. Größtmögliche Unterschiedlichkeit der Grundtypen. Dies heißt, dass die Extremszenarien möglichst nahe an die »Ränder« des Szenariotrichters herankommen sollten (vgl. von Reibnitz 1992, S. 28).

Die Merkmale der Szenariotechnik sind zusammengefasst:

- Szenarien sind kreativ-intuitiv, d.h. die einzelnen Daten und Bestimmungsfaktoren müssen zu anschaulichen »Zukunftsbildern« werden.
- Szenarien sind ganzheitlich, d.h. alle Faktoren eines Problembereiches sollen Berücksichtigung finden.
- Szenarien sind partizipativ und kommunikativ, d.h. sie müssen in einem offenen rationalen Diskurs entstehen, um plausibel und nachvollziehbar zu sein.
- Szenarien sind kritisch, d.h. sie bieten Ansatzpunkte für öffentliche Kritik und Selbstreflexion.
- Szenarien sind transparent, d.h. methodische Schritte, Hypothesen, Informationen usw. müssen frei zugänglich sein.
- Szenarien sind politisch, d.h. sie arbeiten erwünschte bzw. unerwünschte Gesellschaftsentwicklungen heraus und fungieren so als »Frühwarnsystem«, welches ein frühzeitiges Eingreifen zulässt.
- Szenarien sind praktisch, d.h. sie fördern aktives Mitwirken und Gestalten.
- Szenarien sind multidimensional und interdisziplinär, d.h. sie geben die Möglichkeit, vernetzt, systemisch und interdisziplinär zu denken.

7.4. Die Phasen der Szenariotechnik

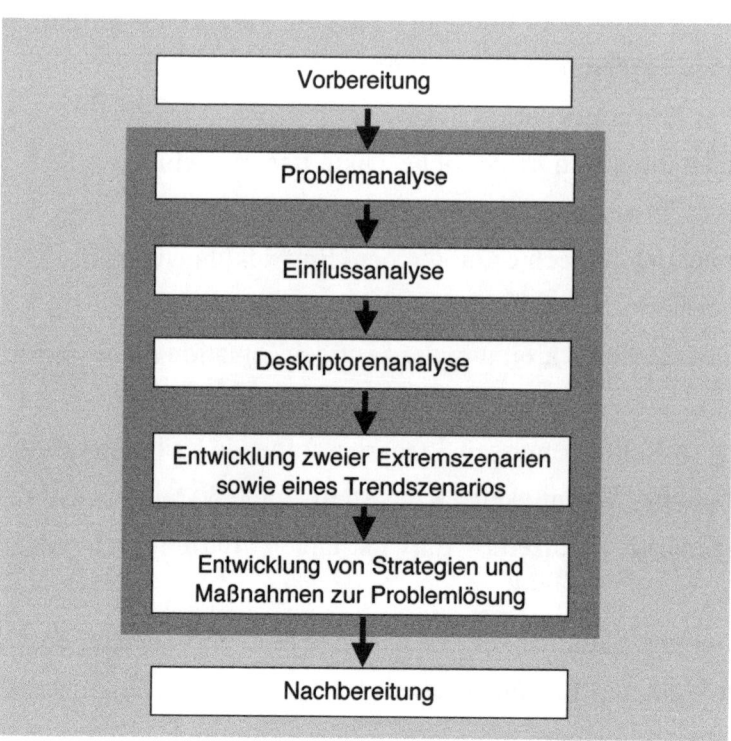

7.4.1. Problemanalyse

Ausgangspunkt jedes Szenarios ist ein gesellschaftliches Problem. Hierbei handelt es sich um einen von mehreren Personen als störend angesehenen Sachverhalt, der als dringend lösungsbedürftig, aber auch prinzipiell lösungsfähig angesehen wird, und zu dem unterschiedliche Lösungsansätze (gesellschaftlich, wissenschaftlich, politisch) möglich sind.

Zuerst wird die momentane Situation des zu untersuchenden Gegenstandes/Sachverhaltes betrachtet und die Thematik sowie der Betrachtungszeitraum festgelegt. Der Ist-Zustand sollte durch Fakten manifestiert werden, denn die Beschreibung der Gegenwart stellt die Basis für die zu entwickelnden Szenarien dar.

Basis: Beschreibung des IST-Zustandes

Die genaue Festlegung des Themas geschieht durch die Gesamtgruppe. Die dafür notwendigen Sachkenntnisse sind entweder zu diesem Zeitpunkt schon vorhanden oder müssen noch erarbeitet werden. Für den zweiten Fall bieten sich Referate, Filme, Textauszüge usw. an, wobei die Sozialform von der Einzel- bis zur Plenumsarbeit reichen kann.

Referate

Liegen genug Informationen vor, empfiehlt es sich, die einzelnen Untersuchungsgegenstände mithilfe ausgewählter Kriterien auf ihre gegenwärtige Situation hin zu untersuchen. Wichtig ist, dass sowohl quantitative als auch qualitative Gesichtspunkte berücksichtigt werden.

In einem Szenario mit der Thematik »Verkehrsaufkommen« müsste die gegenwärtige Verkehrssituation nicht nur durch das zahlenmäßig nachweisbare Verkehrsaufkommen, sondern u.a. auch durch die gesellschaftliche Bedeutung des Autos gekennzeichnet sein.

Folgende Leitfragen können die Problemdefinition erleichtern:
- Welche **Fakten** und Zusammenhänge sind bekannt?
- Wer ist **betroffen**?
- Aufgrund welcher Ereignisse und Sachverhalte wird das Problem als **gesellschaftlich relevant** und lösungbedürftig angesehen?

Leitfragen

Mit Abschluss der Problemanalyse sollte eine explizite Problembeschreibung vorliegen.

7.4.2. Einflussanalyse

In dieser Arbeitsphase geht es darum, alle Einflussbereiche zu ermitteln, die auf das Untersuchungsfeld unmittelbar Einfluss nehmen. Diese Einflussbereiche werden durch die Bestimmung von Einflussfaktoren für jeden Bereich weiter ausdifferen-

ziert. In einem schrittweisen Annäherungsprozess geht es dann darum, einen Systemzusammenhang zu entwickeln, und zwar »vom Ganzen zum Detail«.

Brainstorming

Geht es um die Gewinnung von Einflussfaktoren, eignen sich besonders Brainstorming oder Brainwriting als Arbeitsmethoden. Die genannten Faktoren werden für alle Teilnehmer sichtbar angeschrieben, angeheftet oder ausgebreitet, damit eine thematische Strukturierung vorgenommen werden kann. Bestehen zwischen einzelnen Einflussfaktoren engere Vernetzungen, können diese zu Einflussbereichen geclustert (clustern = zusammenfassen) werden. So könnten beispielsweise die Einflussfaktoren »Erhöhung der KFZ-Steuer«, »Straßenbenutzungsgebühren« und »Verkehrsberuhigung« unter dem Einflussbereich »Verkehrspolitik« zusammengefasst werden.

Vernetzungen herstellen

Wenn alle Einflussbereiche durch die entsprechenden Einflussfaktoren ausreichend beschrieben sind, kann mit der Vernetzung begonnen werden (siehe Abbildung).

Einflussfaktoren bewerten nach dem Matrix-Verfahren.

Einfluss-bereiche	Verkehrspolitik	Automobil-branche	gesellschaftl. Bewusstsein	Umwelt	Aktivsumme
Verkehrspolitik	X	2	2	2	6
Automobil-branche	2	X	1	2	5
gesellschaftl. Bewusstsein	1	1	X	2	4
Umwelt	1	0	1	X	2
Passivsumme	4	3	4	6	

Hier erfolgt eine Bewertung der jeweiligen Vernetzungen ausgehend von der Frage: Wie stark beeinflusst jeder Bereich, gekennzeichnet durch seine Einflussfaktoren, jeweils alle anderen Bereiche?

Die Einflussstärken können mit folgender **Punktvergabe** wiedergegeben werden:

0 = kein Einfluss
1 = schwacher oder indirekter Einfluss
2 = starker Einfluss

Vernetzungsmatrix: Aktiva und Passiva

Nach Auswertung der Vernetzungsmatrix gibt die Aktivsumme an, wie stark ein Bereich die anderen Bereiche beeinflusst; die Passivsumme drückt aus, wie stark jeder Einflussbereich von jedem anderen beeinflusst wird.

Am Beispiel der hier gezeigten Vernetzungsmatrix wird deutlich, wie aktive oder passive Positionen der einzelnen Einflussbereiche sichtbar werden. Die aktive Rolle der Verkehrspolitik (Aktivsumme = 6) wird hier im Gegensatz zur passiven und damit stark abhängigen Position der Umwelt (Passivsumme = 6) klar.

Da es sich bei der Matrix wie bei vielen anderen Elementen der Szenariotechnik lediglich um ein Denkmodell handelt, kommt es nicht so sehr auf die Ergebnisse an, sondern vielmehr auf den Prozess der Kommunikation und Auseinandersetzung über mögliche und wahrscheinliche Zusammenhänge und Abhängigkeiten.

7.4.3. Deskriptorenanalyse

In diesem dritten Schritt werden die Einflussbereiche und Einflussfaktoren hinsichtlich ihrer quantitativen und qualitativen Inhalte bewertet.

Dazu müssen die verschiedenen Einflüsse als Deskriptoren beschrieben und teilweise zusammengefasst werden. Als Ergebnis sollte eine Vielzahl von quantitativen und qualitativen Deskriptoren zur Verfügung stehen, die in ihrem zukünftigen Entwicklungsverlauf analysiert und bewertet werden können.

Einflussfaktoren unter quantitativen und qualitativen Aspekten bewerten.

Ein quantitativer Deskriptor könnte z.B. sein: »Anzahl zugelassener PKW« ; ein qualitativer Deskriptor hingegen betrachtet Aspekte wie z.B. »Bedeutung des Autos«.

Die **Deskriptoren** sollten nach Möglichkeit **operationalisiert** sein, d.h. es sind eindeutig definierte Messgrößen festzulegen, anhand derer die Entwicklung eines Einflussfaktors beschrieben werden kann (z.B. der Einflussfaktor »Emissionen« wird durch den Deskriptor »Ausstoß von Kohlendioxid durch Autoabgase, gemessen in Tonnen« beschrieben). Des Weiteren ist bei der Benennung der Deskriptoren auf eine möglichst wertneutrale Formulierung zu achten, um nicht von vornherein eine Denkrichtung vorzugeben (z.B. »Einstellung zu alternativen Verkehrskonzepten« statt »Ablehnung oder Annahme alternativer Verkehrskonzepte«).

Deskriptoren sind demnach »**Kenngrößen**«**,** die den heutigen und zukünftigen Zustand sowie die jeweiligen Entwicklungen benennen. Zu unterscheiden sind eindeutige und alternative Deskriptoren (siehe Abbildung). Eindeutige Deskriptoren verlaufen zielstrebig. Alternativdeskriptoren hingegen lassen Entwicklungen zu, die sich deutlich voneinander unterscheiden.

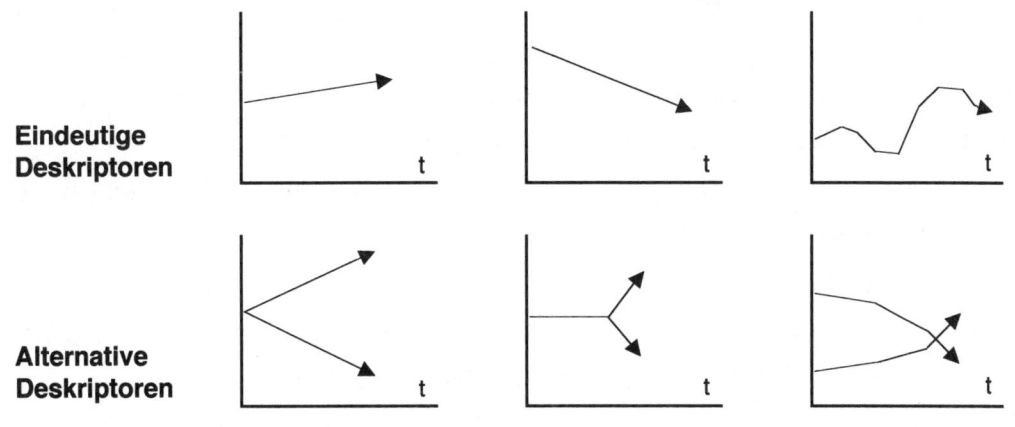

Beispiele für eindeutige und alternative Deskriptoren.

 Nach Benennung, Beschreibung und Einschätzung der quantitativen und qualitativen Deskriptoren gilt es nun, ihre Entwicklungen auf den ausgewählten Zeithorizont zu übertragen.

7.4.4. Entwicklung zweier Extremszenarien sowie eines Trendszenarios

Diese Phase gilt allgemein als Höhepunkt der Szenariomethode. Aus den Ergebnissen der Einflussanalysen und Deskriptorenbestimmungen werden hier ausführliche Szenarien, d.h. ganzheitliche Zukunftsbilder, die in anschaulicher Weise mögliche Zukunftsentwicklungen und ihre Konsequenzen sichtbar machen.

Das Aufzeigen eines extrem positiven und eines extrem negativen Szenarios hat den Vorteil, dass alle nur möglichen Zukunftsbilder zwischen diesen beiden Szenarien liegen.

Umstritten: Trendszenarios

Bezüglich des Trendszenarios wäre anzumerken, dass es in der Fachliteratur umstritten ist, ob dieses überhaupt ausgearbeitet werden sollte. Ute von Reibnitz (1992, S. 28) spricht sich gegen Trendszenarios aus, da sie ihrer Ansicht nach dazu verführen, alles so zu belassen, wie es ist und demnach keine effizienten Kurskorrekturen vornehmen.

Bartels et al. (o.J., S. 6) hingegen propagieren ein Trendszenario, da die Extremszenarien zwar mögliche, aber doch höchst unwahrscheinliche Entwicklungen wiedergeben, während ein Trendszenario dazu zwingt, realitätsnahe und wahrscheinliche Entwicklungen zu skizzieren. Gleichwohl räumen Bartels et al. ein, dass es unter didaktischen Aspekten sinnvoll sein kann, sich **nur** auf die Extremszenarien zu beschränken, weil dort die Spannweite möglicher Zukünfte besonders deutlich sichtbar wird.

7.4.5. Entwicklung von Strategien und Maßnahmen zur Problemlösung

Handlungs- und Gestaltungsstrategien entwerfen.

Diese abschließende Phase führt zur Problemanalyse der Ausgangssituation zurück. An dieser Stelle sollen die Konsequenzen aus den entwickelten Szenarien gezogen und Handlungs- bzw. Gestaltungsstrategien entworfen werden. Ziel ist es, gewünschte **Entwicklungslinien** zu **forcieren** und zu verstärken sowie nicht gewünschten Entwicklungen entgegenzutreten oder abzuschwächen.

Die ermittelten Einflussbereiche und Einflussfaktoren sowie die Deskriptoren müssen zu diesem Zweck noch einmal betrachtet werden, um zu analysieren, durch welche Strategien und Maßnahmen sie in die gewünschte Entwicklungsrichtung gelenkt werden können. Bartels et al. empfehlen einen Handlungskatalog, in dem mögliche Strategien in einer **Prioritätenliste** unter Berücksichtigung gesellschaftlicher Handlungsfelder zusammengefasst werden.

So ergeben sich beispielsweise für die Thematik Autoverkehr folgende Fragen:
- Was kann der Einzelne tun?
- Was können wir zusammen tun?
- Welchen Beitrag kann die Schule/Hochschule leisten?
- Was können Betriebe tun?
- Was können große Verbände tun?
- Welchen Beitrag kann die Wissenschaft leisten?
- Was können die Kirchen tun?
- Was können Politiker und der Staat auf den verschiedenen Ebenen tun?

8. Die Szenariotechnik in der Praxis

Die nachfolgenden Ausführungen beziehen sich auf die Durchführung einer Szenariotechnik mit Schüler/innen einer Fachschule für Sozialpädagogik.

Als gesellschaftspolitische Ausgangsfrage steht dabei im **Mittelpunkt**: Sind erneuerbare Energien unsere Zukunft – welche Probleme, Gefahren und Risiken werden auf uns zukommen, wenn wir nicht umdenken?

Die Beschreibungen der praktischen Erfahrungen mit der Methode der Szenariotechnik sollen nach folgendem Kurzschema erfolgen: Planung und Durchführung. Beide Schritte werden für jede der fünf Kernphasen sowie für die Vor- und Nachbereitung zur Anwendung kommen.

Phasenschema
Szenariotechnik

8.1. Zum Ablauf

Zur Durchführung der Szenariotechnik stehen drei aufeinander folgende Schultage zur Verfügung. Gearbeitet wird an allen Tagen von 8:10 – ca. 13:30, wobei die Pausen nach Bedarf erfolgen. Ziel ist es, im Verlauf dieser drei Tage die fünf Kernphasen sowie nach Möglichkeit die Nachbereitung mit den Schüler/innen zu erarbeiten. Sollte dies nicht gelingen, kann die Nachbereitung auch auf einen anderen Termin gelegt werden.

8.1.1. Vorbereitung

Planung

Die Vorbereitungen beginnen ca. 2 Wochen vor den Herbstferien, nachdem eine geeignete Klasse gefunden worden ist und diese sich zur Durchführung der Szenariotechnik bereit erklärt hat.

Die anfängliche Absicht, die Methode außerhalb des Lernortes Schule durchzuführen, musste aus terminlichen und finanziellen Gründen leider aufgegeben werden.

Organisatorisch ist vorab zu klären:
- Ist der beabsichtigte Termin richtig gewählt? Sind die Kolleg/innen einverstanden? Kollidiert der Termin mit anderen Projekten?
- Welche Schulräume sind am besten für die Methode geeignet? Stehen diese für den geplanten Zeitraum zur Verfügung? Gibt es zusätzlich Ausweichmöglichkeiten?
- Wie sieht es mit dem Moderationsmaterial aus? Was muss vorher noch bestellt und ergänzt werden? Steht eine Papierrolle (Wandzeitung) bereit? Können genug Pinnwände genutzt werden?
- Was wird an weiteren Medien benötigt? Sind diese technisch in Ordnung? Ist eine Reservierung vorzunehmen?
- Kulinarische Überlegungen sind anzustellen. Wie versorgen wir uns während der Projektphase?

Checkliste Werkstatt-Rahmenbedingungen

Zur Vorbereitung der Schüler/innen dienen drei Doppelstunden mit folgendem Inhalt:
- Kurzinformation zur Methode der Szenariotechnik.
- Inhaltliche Autonomie. Im Zuge der angestrebten Handlungsorientierung wählen die Schüler/innen selbst ein geeignetes Thema.
- Vertiefung in die gewählte Thematik durch zahlreiche Referate und Literaturempfehlungen.

Referate

Durchführung

Organisatorische Probleme tauchen nicht auf. So gelingt es, die KollegInnen von der Notwendigkeit des Projekts zu überzeugen und die Klasse drei Tage am Stück zu bekommen. Geeignete Räume, ein großer Seminarraum sowie zwei kleinere Klassenräume werden exklusiv zur Verfügung gestellt. Auch an den benötigten Materialien und technischen Medien mangelt es nicht. Betrifft es die Verpflegung, so haben die Schüler/innen sich zur Selbstversorgung entschlossen. Jeder bringt etwas mit (Kaffee, Saft, Kekse, Obst usw.).

Die Vorbereitung der Schüler/innen auf die Methode der Szenariotechnik gestaltet sich nicht ganz so einfach. Ein dreitägiges Projekt löst zwar Neugierde aus, der Terminus Szenariotechnik hingegen hält die Begeisterung in Grenzen. Auch eine Kurzinformation zur Methode führt nicht gerade zur Euphorie. Erst durch die selbst bestimmte Wahl der zu bearbeitenden Thematik steigt das Interesse der Schüler/innen wieder an. Diese einigen sich dann unter zahlreichen Themenvor-

Der »Wohlfühl-Faktor« ist auch hier nicht zu unterschätzen.

Referate

schlägen auf die Energieversorgungsproblematik. Die anschließenden Unterrichtstunden sorgen durch Referate und Informationsmaterial für ein relatives »Spezialistentum« seitens der Schüler/innen und dem Lehrer.

8.1.2. Problemanalyse

Planung

Ziel der ersten Kernphase ist:
- Aufzeigen eines gesellschaftlichen Problems (ist bereits in der Vorbereitungsphase geschehen),
- Festlegung der Thematik sowie des Betrachtungszeitraums,
- Beschreibung des Ist-Zustands,
- eine explizite Problembeschreibung.

Durchführung

Nach der Begrüßung geht es zunächst an die Einrichtung des Hauptseminarraums. Da die benötigten Materialien und Medien sich schon im Raum befinden, müssen nur noch der Büchertisch und die »Verpflegungsecke« eingerichtet werden.

Büchertisch

Zu Beginn der Problemanalyse wird die zu behandelnde Phase kurz umrissen, wobei auch ein Überblick zur Gesamtstruktur der Szenariotechnik gegeben wird (die Phasen werden an die Tafel geschrieben). Anschließend legen die Schüler/innen den Zeit-, Raum- und Sachhorizont fest (Jahr 2020, Deutschland, Energieversorgung).

Das in der Vorbereitungsphase erworbene **Basiswissen** hilft jetzt zur Beschreibung des Ist-Zustands und der daraus resultierenden Problembeschreibung. Um ein möglichst effizientes Arbeiten zu erreichen, teilen sich die Schüler/innen selbstständig in vier Gruppen auf (Motto: Mit wem möchte ich gerne zusammenarbeiten).

Gruppenarbeit: Empfehlungen ...

Zur Einstimmung wird zunächst ein Video der Schleswag (Energieversorgungsunternehmen in Schleswig-Holstein) mit dem Titel: »Sonne, Wind und Wasser / Zwischen Anspruch und Wirklichkeit« gezeigt. Die folgende Dreiviertelstunde wird von den Gruppen genutzt, um den Ist-Zustand und folgende Problembeschreibung zu erarbeiten:

Problembeschreibung zum Thema »Energieversorgungsproblematik«

Die Energieträger in Deutschland verteilen sich so (Stand 1996): Mineralöl 39,5%, Erdgas 21,6%, Steinkohle 13,9%, Kernenergie 12,1%, Braunkohle 11,5%, Wasserkraft und Sonne 1,4%.

Die Energieressourcen Erdöl, Erdgas sind in 60 Jahren, die Kohle in 250 Jahren und das Uran in 300 Jahren aufgebraucht, dies ist ein Grund, alternative Energien zu nutzen und die Weiterentwicklung zu fördern.

Da momentan nur ca. 2% der Energie aus erneuerbaren Energiequellen gedeckt wird, steigt der Treibhauseffekt ständig an. So hat sich der globale Ausstoß des wichtigsten Treibhausgases CO_2 im Laufe der Industrialisierung durch den verstärkten Einsatz fossiler Energieträger von 342 Mio. Tonnen im Jahr 1860 um das 60fache auf 231 Mrd. Tonnen im Jahr 1995 erhöht. Der Anteil Deutschlands liegt bei 0,91 Mrd. Tonnen.

Fangen wir heute nicht an umzudenken (regenerative Energieformen), wird es zu gravierenden klimatischen Veränderungen kommen. Dies hätte katastrophale Auswirkungen auf unsere Umwelt und damit auf unsere Lebensqualität.

Im Plenum wird sich dann auf folgende Ausgangsfrage geeinigt:

»Sind erneuerbare Energien unsere Zukunft - welche Probleme, Gefahren und Risiken werden auf uns zukommen, wenn wir nicht umdenken?«

8.1.3. Einflussanalyse

Planung

In dieser Phase sollen die Bereiche erarbeitet werden, die unmittelbar Einfluss auf die zu untersuchende Problematik haben.

Dies geschieht, in Anlehnung an die Metaplantechnik, indem die Schüler/innen Bereiche nennen, die sie mit der ausgewählten Thematik assoziieren. Zu diesem Zweck beschreiben die Teilnehmer 2-3 Papierkarten mit den entsprechenden Begrifflichkeiten. Anschließend werden die Karten geclustert und mit Überschriften versehen.

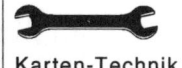
Karten-Technik

Im nächsten Schritt geht es um die Vernetzung der Einflussfaktoren (Erstellen einer Matrix), ausgehend von der Frage: Wie stark beeinflusst jeder Faktor jeweils alle anderen Faktoren?

Da es sich bei der Matrix lediglich um ein Denkmodell handelt, stehen nicht die Ergebnisse im Vordergrund, sondern vielmehr der kommunikative Prozess über mögliche Abhängigkeiten der Einflussfaktoren untereinander.

Durchführung

Sind Teile der Problemanalyse noch etwas zäh verlaufen, so sorgt die Metaplantechnik, deren Sinn und Ablauf zu Beginn dieser Phase vom Lehrer erläutert wird, jetzt für Dynamik. Nachdem wir uns im Stuhlkreis zusammengefunden haben, schreiben die Schüler/innen ihre Assoziationen zur Thematik auf die ausgegebenen Karten (1-2 Worte in Druckschrift pro Karte). Diese werden laut vorgelesen und unsortiert auf den Fußboden gelegt.

Sind alle Karten abgelegt, ist es Aufgabe der Gesamtgruppe diese zu clustern. Die Kategorienbildung wird erst dann abgeschlossen, wenn sich alle Teilnehmer/innen mit dem Clustering einverstanden erklären.

Anschließend müssen Überschriften für die einzelnen Spalten (es sind vier) gefunden werden. Die Schüler/innen einigen sich auf: Wirtschaft/Politik, Energiearten, Gesellschaft und Umwelt. Die Stränge werden mit Kreppband fixiert und an eine Pinnwand gehängt.

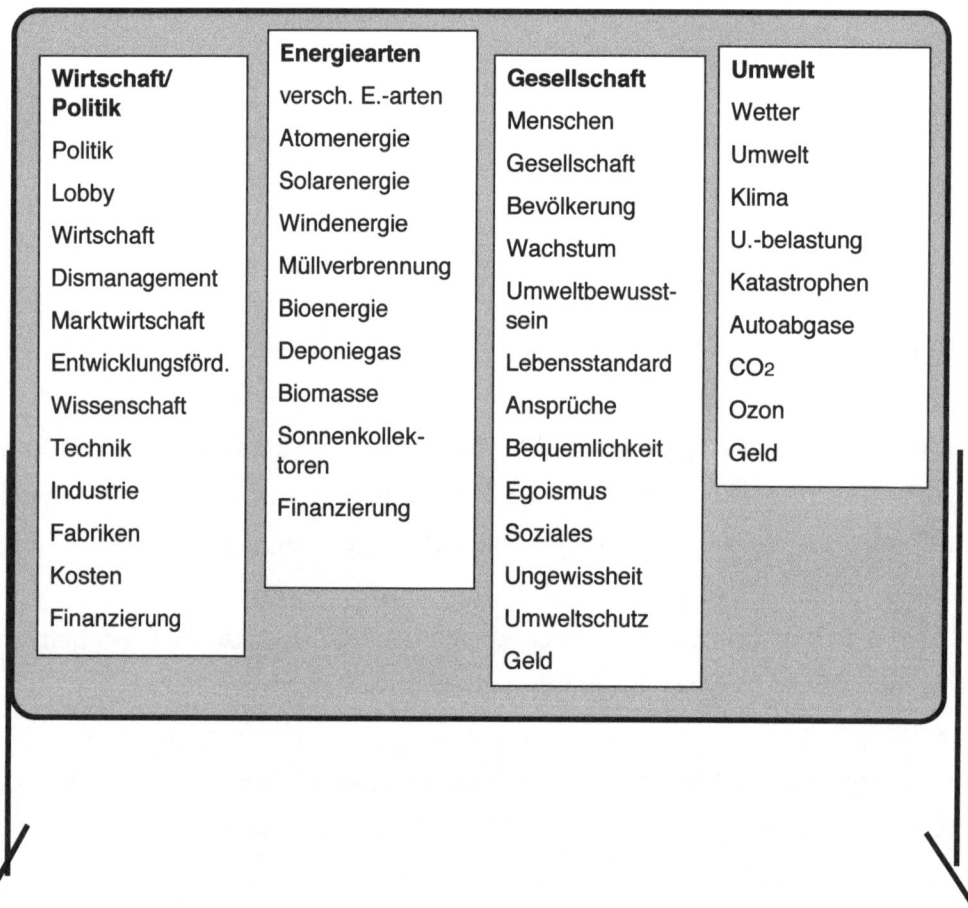

Einflussbereiche bzw. Einflussfaktoren: Ergebnisse des Clustering

Nach der Pause (diese werden flexibel gehandhabt und richten sich nach den Bedürfnissen der Teilnehmer/innen) gilt es zu überprüfen, inwieweit die gefundenen Begriffe aufeinander wirken. Hierzu erstellen die Schüler/innen Vernetzungsmatrixen (Neubildung von vier Arbeitsgruppen, je nach Interesse an den Problembereichen), die die Beziehungen zwischen den einzelnen Einflussfaktoren wiedergeben.

Der erste Tag endet mit einer Abschlussrunde und einem gemeinsamen Blitzlicht.

Blitzlicht

8.1.4. Deskriptorenanalyse

Planung

Da die Schüler/innen den zu hohen Theorieanteil bei der Arbeit an den Matrixen (Vortag) monieren, hat sich der Dozent dazu entschlossen, eine Vereinfachung der Deskriptorenanalyse vorzuschlagen.

Zwar geht es weiterhin darum, die Einflussbereiche und Einflussfaktoren mit quantitativen und qualitativen Inhalten zu füllen (Operationalisierung), verzichtet werden soll jedoch auf die Entwicklung von eindeutigen und alternativen Deskriptoren.

Durchführung

Zu Beginn des zweiten Tages werden die am Vortag erstellten Vernetzungsmatrixen von den jeweiligen Gruppen vorgestellt und im Plenum diskutiert. Es wird deutlich, dass die objektive Bewertung der Einflussstärken (0 = starker Einfluss / 1 = schwacher oder indirekter Einfluss / 2 = starker Einfluss) sehr schwierig ist. Die Klasse ist sich mehrheitlich einig, dass die Bewertung wohl eher interpretativen Charakter hat.

Anschließend wird aus Angst vor einer zu starken **Verkopfung** der Szenariotechnik eine Vereinfachung der Deskriptorenanalyse vorgeschlagen. Die Schüler/innen stimmen erfreut zu. Wir einigen uns darauf, dass jede/r Teilnehmer/in sich aus seiner Themengruppe (Wirtschaft/Politik, Energiearten, Gesellschaft und Umwelt) jeweils einen Begriff aussucht und diesen operationalisiert. Hierzu erweist sich der Büchertisch als wahre Goldgrube, da jede Menge quantitativer und qualitativer Daten zu finden sind.

Büchertisch

Schließlich werden die ermittelten Fakten innerhalb einer **Faktorenblume** gesammelt (siehe Abbildung nächste Seite) und gemeinsam mit den anderen Faktoren-

blumen des jeweiligen Themenbereiches auf eine Wandzeitung geschrieben, geklebt oder gemalt.

Am Ende dieser dritten Kernphase präsentieren die verschiedenen Arbeitsgruppen die Wandzeitungen, die uns (die Schüler/innen und mich) durch ihre Dimensionen und Datenmassen beeindrucken.

Faktorenblume zum Einflussfaktor »Müllverbrennungsanlagen«

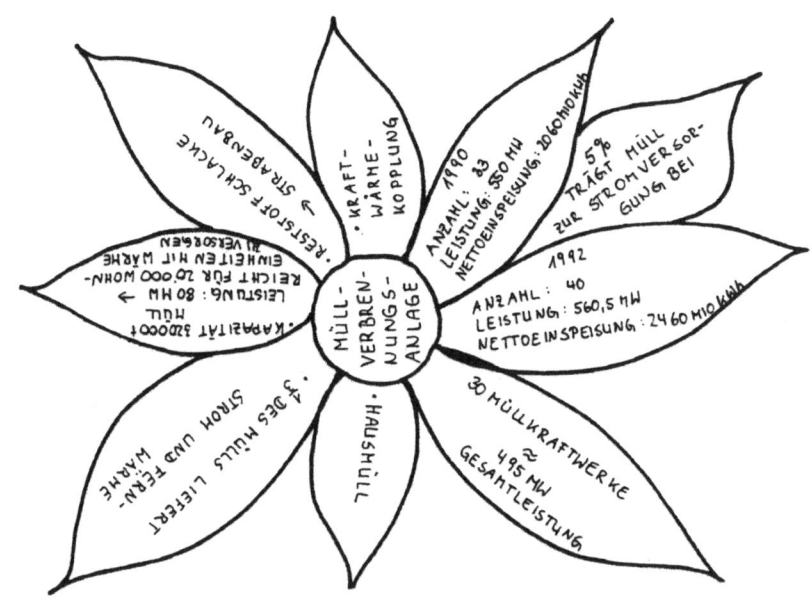

8.1.5. Entwicklung der Extremszenarien

Planung

In dieser vielleicht kreativsten Phase der Szenariotechnik entwickeln die Schüler/innen aus den Erkenntnissen/Ergebnissen der Einfluss- und Deskriptorenanalysen positive und negative Extremszenarien.

Ein Trendszenario soll nicht durchgeführt werden, da dieses eventuell dazu verführt, alles so zu belassen, wie es ist.

Durchführung

Zur Einstimmung (kleine Hilfestellung) auf die zu entwickelnden Szenarien liest eine Schülerin das Negativ- und das Positiv-Extremszenario zum Thema »Auto 2010« vor (vgl. Bartels et al. o.J., S. 15 f).

Die Arbeitsgruppen entscheiden selbst, ob sie für ihren Themenbereich ein positives Extremszenario oder ein negatives Extremszenario erstellen. Drei Gruppen entschließen sich für ein Negativszenario, eine Gruppe entwickelt ein positives Szenario.

Ende des zweiten Tages.

Der dritte Seminartag beginnt mit der Vorstellung der vier Extremszenarien, die im Hinblick auf ihre Stimmigkeit besprochen werden.

Nachfolgend wird eines der drei Negativszenarien sowie das Positivszenario vorgestellt.

Negatives Extremszenario: »Uns geht's höllisch gut«

Beispiel: Negativszenario

Wir schreiben das Jahr 2020. Das Klima der Erde hat sich durch die radikale Abholzung aller Wälder drastisch verändert. So ist die Temperatur weltweit um ca. 7°C gestiegen. Die Wüsten breiten sich fortwährend aus. Oasen findet man fast keine mehr. Der Meeresspiegel ist bis jetzt um 4 Meter gestiegen, demzufolge hat die nutzbare Landfläche abgenommen.

Durch die fortschreitende Zerstörung der Ozonschicht ist es den Menschen tagsüber, besonders um die Mittagszeit, nicht mehr möglich, ohne Schutzkleidung geschlossene Räume zu verlassen. Da ein Teil der Bevölkerung sich immer noch nicht an die Regel der Schutzkleidung hält, tritt Hautkrebs immer noch häufig auf. Auch Verätzungen der Schleimhäute und Netzhäute sind weit verbreitet. Ebenso häufen sich Lungenkrankheiten durch steigende Schwefeloxid-, Stickstoffdioxid- und Kohlenmonoxidausstöße. Durch die Erderwärmung breiten sich auch ehemals tropische Krankheiten über den ganzen Erdball aus.

Die Fläche nutzbarer Anbaugebiete für Nahrungsmittel nimmt durch Überflutung ab. Die Versorgung der Bevölkerung mit Trinkwasser ist aus heimischen Ressourcen nicht mehr 100%ig realisierbar. Trinkwasser wird aus Nordamerika importiert. Man plant eine Pipeline. Der Erfindungsreichtum der Menschen nimmt zu und anstatt Umweltschutz zu betreiben erfindet man immer neue Technologien, um mit der Folge der Umweltverschmutzung zu leben.

Durch einen Supergau in der GUS ist ein Großteil der Bevölkerung zeugungsunfähig geworden. Aus Angst vor Geburten behinderter Kinder sinkt die Geburtenrate rapide.

Entwicklungshilfe wird gestrichen. Das Geld wird für den Import von Rohstoffen benötigt.

Die letzten Ressourcen an Kohle, Öl und Erdgas werden streng rationiert. Die Kosten für die Energieversorgung der privaten Haushalte sind kaum finanzierbar. Der Kontrast zwischen Arm und Reich ist groß. Die Mittelschicht hat sich fast aufgelöst. Die bessere Gesellschaft hat sich, in von Söldnern streng bewachte Biosphären, zurückgezogen. Dort überleben die letzten Exemplare der Tierwelt.

Die arme Bevölkerung lebt in katastrophalen Verhältnissen. Die Müllversorgung können sie sich nicht leisten, demzufolge leiden sie seit Jahren an Rattenplagen. Das Wasser darf nur noch für die Ernährung genutzt werden und es ist nur noch wenig Körperhygiene möglich.

Früher einmal installierte Solaranlagen wurden durch Umweltkatastrophen wie Tornados und Hagelstürme zerstört.

Die Weltmeere sind abgefischt. Durch die Erwärmung der Wassertemperatur haben sich Quallen, Algen usw. stark vermehrt. Der Preis von Fisch auf dem Schwarzmarkt beträgt im Moment 2000,– DM für 100 Gramm.

Positives Extremszenario: »WISOWA-Land, 18.11.2020«

Beispiel: Positivszenario

Liebe Mary,

heute ist ein großer Feiertag, weil es nun schon 15 Jahre her ist, seit Deutschland in WISOWA-Land umbenannt wurde. Die Abkürzung steht für Wind-Sonne-Wasser-Land. Du musst mich unbedingt einmal besuchen kommen, um zu sehen, was sich alles verändert hat.

In WISOWA-Land ist der neue Wirtschaftszweig Umwelttechnik endlich ausgereift. Dadurch ist die Arbeitslosigkeit fast eingedämmt, die Arbeitslosen in die umweltbezogenen Arbeitsgebiete eingesetzt worden.

Stell dir vor, Mary, alle Atomkraftwerke sind per Gesetz verboten worden! Und obwohl es jetzt

 bereits 7 Jahre her ist, seit Prof. Dr. Dr. Fabienne Schmidt als fünfte und bisher letzte Frau den Nobelpreis für ihre erfolgreiche Forschung auf dem Gebiet der rückstandslosen Zersetzung der Brennstäbe eines Atomkraftwerkes bekommen hat, wird sie immer noch in allen Talk-Shows interviewt!

Die aus dem Abbau der Atomkraftwerke arbeitslos gewordenen Menschen werden auf Kosten des Staates umgeschult und im Bereich der alternativen Energien eingesetzt.

Da es keine Kraftwerke mehr gibt, der CO_2-Ausstoß verringert wurde und der Treibhauseffekt somit gestoppt ist, ist die Zahl der Krebserkrankungen rückgängig.

Aber sicher wirst du wissen wollen, woher wir im WISOWA-Land nun unseren Strom beziehen. 40 % der Stromversorgung werden durch Wind gedeckt, 35 % durch Sonne und 25 % durch sonstige Energien wie Wasser, Erdwärme, Biogas etc.

Im Norden haben viele öffentliche Einrichtungen eine eigene Windkraftanlage zur Selbstversorgung. Jährlich findet ein großes Schulprojekt unter dem Motto »Wir und der Wind« statt, bei dem die Schüler aus dem ganzen Land die Anlagen nach ihren eigenen Vorstellungen bemalen können. Die privaten Besitzer einer Windkraftanlage werden vom Staat subventioniert.

Da die Solarzellen mittlerweile 100 % der Sonnenenergie umwandeln können, bekommt automatisch jedes neu gebaute Haus eine Solaranlage von den Energieversorgungsunternehmen gestellt. Der Aufbau der Kollektoren auf die älteren Häuser wird mit 90 % der Beschaffungskosten von der EVU unterstützt.

Da die geringen Rohstoffreserven eingespart werden müssen, gibt es keine benzinbetriebenen Autos mehr, sondern nur noch solarbetriebene Fahrzeuge.

Du wirst es nicht glauben, aber jedesmal, wenn ich auf die Toilette gehe, erzeuge ich beim Spülen Strom! Das funktioniert folgendermaßen: Das Regenwasser wird über Leitungen in einem unterirdischen Tank gesammelt. Benötige ich nun Spülwasser, wird das Wasser aus dem Tank hochgepumpt und fließt dabei über ein Turbine, die gleichzeitig Strom erzeugt. Das Regenwasser kann auch gefiltert zum Wäsche waschen verwendet werden. Die Reste gebrauchen wir zur Bewässerung des Gartens und unserer Gemüsebeete.

Für unsere Fußbodenheizung nutzen wir die Erdwärme.

Allgemein lohnt sich eine Biogasanlage für jeden Bauern, der einen Stall von mindestens 50 Tieren hat. Die im Stall entstehenden Gase werden dabei ebenfalls in Strom umgewandelt. Die Energie, die er nicht zum Eigenverbrauch nutzt, kann gegen Bezahlung ins öffentliche Netz eingespeist werden.

Somit fallen nur geringe Stromkosten für den Privatverbraucher an, da der Großteil aus Eigenanlagen stammt.

An jedem Ortsrand steht eine große, für jeden zugängliche Müllverbrennungsanlage. Für 25 kg zur Verfügung gestellten Müll erhält man 50 kWh Strom.

Zwischen Nord- und Ostsee gelegen kann Schleswig-Holstein, das nördlichste Bundesland des WISOWA-Lands, zusätzlich die Gezeitenenergie ausnutzen und ist somit so reich mit Strom versorgt, dass es die anderen Bundesländer mitversorgen kann!

Jetzt muss ich aber wirklich feiern gehen!

              Hoffentlich bis bald!
              Deine Kläre

8.1.6. Entwicklung von Strategien und Maßnahmen zur Problemlösung

Planung

Die abschließende Phase knüpft an die Ausgangsfrage (Sind erneuerbare Energien unsere Zukunft – welche Probleme, Gefahren und Risiken werden auf uns zukommen, wenn wir nicht umdenken?) an. Aufgabe ist es, die Konsequenzen aus den erstellten Szenarien zu ziehen und Maßnahmen zu entwickeln, die dazu dienen, gewünschte Ziele zu erreichen. Dies geschieht in der Regel durch die Annäherung an ein positives Extremszenario.

Konsequenzen ziehen und konkret werden durch Maßnahmen zur jeweiligen Problemlösung.

Diese Aufgabe umfasst:
- die Entwicklung von kurz-, mittel- und langfristigen Maßnahmen,
- die Überlegung, was der Einzelne, Verbände/Parteien, der Staat, Land/Kommune, Europa, die Weltgemeinschaft usw. dazu beitragen kann/können, um die Maßnahmen und Ziele zu realisieren.

Durchführung

Zur Vereinheitlichung dieses Schrittes erhalten die Gruppen vorbereitete Arbeitspapiere, in die Ziele, Zeithorizonte, Akteure und Maßnahmen eingetragen werden. Da es um die Beantwortung der Ausgangsfrage geht, werden die zuvor erarbeiteten Ergebnisse aller Gruppen in die Überlegungen einbezogen.

Ziele	Zeithorizonte	Akteure	Maßnahmen
	kurzfristig (k) mittelfristig (m) langfristig (l)	Ich (der Einzelne) Wir (Verbände, Parteien...) Der Staat (Bund) Land (Kommune) Europa (EU) Die Weltgemeinschaft (z.B. UNO)	
Nutzung alternativer Energien / Umweltschutz	k (2000)	einzelner	Regenwasser sammeln, Mülltrennung, Solaranlagen, Erdwärme nutzen....
Nutzung alternativer Energien / Umweltschutz	k m (2010)	Verbände, Parteien	Katalysatoren für jedes Auto, Biogasanlagen, keine benzingetriebenen KFZ....
Luftverbesserung	l (2020)	Parteien	Stilllegung von Kohlekraftwerken, Gezeitenenergie....
Umweltschutz alternative Energienutzung	k	Staat	Subvention privater Windanlagen, Solarautoproduktion serienmäßig....
alternative Energienutzung	l	Europa	Umstieg auf alternative Energien, Stilllegung von Atomkraftwerken....
Völliger Umstieg auf alternative Energien	l	Weltgemeinschaft	hauptsächliche Nutzung alternativer Energien....

Maßnahmenkatalog

Zur **Präsentation** der Maßnahmen und Strategien fertigen die Teilnehmer/innen Wandzeitungen an, die anschließend im Plenum vorgestellt und diskutiert werden.

Die Schüler/innen haben ähnliche, sich teilweise ergänzende Vorstellungen, welche Aktivitäten nötig sind, um zu einer positiven Wende beizutragen.

8.1.7. Nachbereitung

Planung

In der Nachbereitung soll es vornehmlich darum gehen, wie die letzten drei Tage sowie die Arbeit mit der Szenariotechnik von den Schüler/innen empfunden und erlebt worden sind.

Durchführung

Zu diesem Zweck wird eine Wandzeitung vorbereitet, auf der die Seminarteilnehmer/innen ihre Statements abgeben. Damit sich niemand von mir beobachtet fühlt, verlasse ich für ca. 15 Minuten den Raum.
Zur Vertiefung der schriftlichen Stellungnahmen finden sich Moderator und Schüler/innen anschließend noch einmal im Stuhlkreis zusammen, um ein detailliertes Feedback zu erhalten. In der Abschlussrunde artikulieren einige Schüler/innen ihr Bedürfnis, auch in den nächsten Gemeinschaftskundestunden an der Energieversorgungsproblematik weiterzuarbeiten.
Das gemeinsame Aufräumen bildet den Abschluss dieses dreitägigen Workshops.

8.2. Fazit

Gesellschaftliche und politische Problemstellungen angehen.

Die Arbeit mit der Szenariotechnik und die damit verbundene Förderung der Wahrnehmungs-, Urteils- und Handlungsfähigkeit hat verdeutlicht, dass diese Methode aufgrund ihrer ganzheitlichen Betrachtungsweise prädestiniert ist, um gesellschaftliche und politische Problemstellungen anzugehen.
Die Einsatzmöglichkeit der Szenariotechnik ist dabei weder auf spezielle Schultypen beschränkt, noch ist sie schulstufenabhängig, denn ihr inhaltliches und methodisches Niveau kann sich jederzeit den speziellen Anforderungen und Fähigkeiten der Schüler/innen anpassen.

Bedürfnisorientierte Gestaltung, Teilnehmer/innen-Orientierung

Des Weiteren hat sich gezeigt, dass die Anzahl der Phasen sowie der Phasenverlauf individuell festgelegt werden können. Diese müssen sich primär an den Bedürfnissen der Teilnehmer/innen orientieren und dürfen keinesfalls starr sein. Es muss immer die Option bestehen, Phasen auszulassen, zu verändern oder zu modifizieren.

So könnte die Methode auch in stark verkürzter oder vereinfachter Form nach dem Motto: »Was wäre wenn?« viel öfter im »normalen« Unterricht eingesetzt werden.

Die Entscheidung, die Szenariotechnik in dreitägiger Seminarform durchzuführen und sich so vom Diktat des 90-Minuten-Taktes »zu befreien«, führt nicht nur dazu, dass Schüler/innen mit sehr unterschiedlichen Lebens- und Erfahrungshintergründen sich besser kennen lernen, sondern ermöglicht auch, den Lernort Schule aus einer anderen Perspektive wahrzunehmen.

Raus aus dem 90-Minuten-Takt!

Die erlebte Kleingruppenarbeit wirkt sich stabilisierend und positiv auf das Gruppengefühl aus; die permanente Konsensfindung sorgt fast beiläufig für den angestrebten Demokratisierungsprozess (hier auf der Mikroebene).

Die Schüler/innen erkennen, dass bestehende gesellschaftliche Probleme keinesfalls unabänderlich sind. Die Energieversorgungsproblematik führt zur persönlichen Betroffenheit und animiert so zum »Gegensteuern«. An vielen Stellen wird deutlich, dass die Teilnehmer/innen aktiv etwas verändern wollen und sehr emotional bei der Sache sind.

Gegensteuern statt Ohnmacht

Durch die intensiven Interaktionen und Erfahrungen auf unterschiedlichen Ebenen (fachlich, sozial, methodisch), erweitern die Schüler/innen per se ihre Schlüsselqualifikationen und damit auch ihre Kompetenzen.

Die Komplexität der Szenariomethode in der durchgeführten Form erfordert eine komprimierte Vorgehensweise, die sich negativ auf die Zeitressourcen auswirkt und somit in einigen Phasen für Hektik und Stress sorgt. Um einerseits das Zeitbudget zu entlasten (entspannteres Arbeiten), andererseits aber auch zusätzlich Kreativmethoden einzubauen (z.B. Lockerungs-, Interaktions- und Assoziationsspiele), wäre eine Ausweitung der Seminarveranstaltung auf vier Tage sinnvoll gewesen.

Kreative Phasen: Ein Muss für die Werkstattarbeit!

Bei aller »Lobpreisung« der Szenariotechnik darf aber nicht vergessen werden, dass
- eine sehr umfangreiche und zeitintensive Vorbereitung nötig ist, die im herkömmlichen Unterricht nur schwer zu leisten ist;
- je nach Niveau hohe Ansprüche an kognitive und analytische Voraussetzungen gestellt werden;
- das Problem ausreichenden Quellenmaterials und deren Rezeption besteht;
- das Problem der didaktischen Reduktion, die jeder Lehrende in Abhängigkeit von der Lerngruppe vornehmen muss, vorhanden ist;
- aufgrund einer mehrtägigen Seminarveranstaltung gruppendynamische Entwicklungen auftreten können, die die Arbeit stark beeinträchtigen.

Mögliche Probleme vorausschauend minimieren.

9. Zum Schluss

Als Experimentierfeld sind die Methoden »Zukunftswerkstatt« und »Szeniotechnik« geradezu prädestiniert. Hier lassen sich auf ganzheitliche Weise Elemente einfügen, die den Teilnehmer/innen und Moderator/innen gleichermaßen Anregungen bieten, die die Methodenkompetenz erhöhen, die aktivieren und ganz »nebenbei« für ein entspanntes gemeinsames Lernen sorgen. Allein aus diesen Gründen sind Zukunftswerkstätten (oder vergleichbare Arbeitsformen) für jeden offenen Lernort geeignet und sollten innerhalb von Bildung und Ausbildung zum Standardrepertoire gehören. Darüber hinaus bieten gerade diese Methoden einen idealen Rahmen, um fächerübergreifend zu arbeiten. In diesem Sinne ist zu hoffen, dass dieses Buch nicht nur zur Nachahmung motiviert, sondern auch als Anstoß für die Weiterentwicklung von Werkstattkonzepten benutzt wird. Denn: Soziale Phantasien, Ideenvielfalt und Problemlösungskompetenzen sind in dieser Gesellschaft wesentliche Bausteine für die Gestaltung von Zukunft, und ihre Entwicklung obliegt zuvorderst den Institutionen Schule und Hochschule. Für die genannten Bildungseinrichtungen beinhaltet dies die direkte Aufforderung, möglichst oft und in vielen verschiedenen Bereichen **die Grenzen des Gewohnten zu überschreiten – am besten heute noch.**

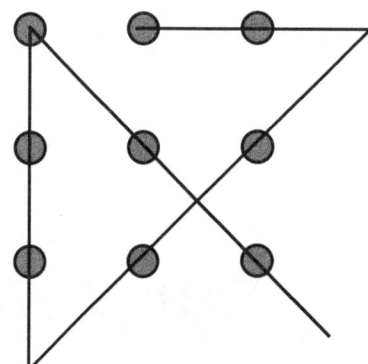

10. Literaturhinweise und Empfehlungen

Autoren, die für die Arbeit mit der Methode Zukunftswerkstatt/Szenariotechnik besondere Anregungen bieten, sind im Folgenden unterstrichen:

Bachmann, W. und M. Friedrich: Chaos – die neue Kraft im Selbst-Management, Paderborn 1994.

<u>**Bartels, T./ Hollenbach, A./ Kaiser, H. / Weinbrenner, P.:**</u> Auto 2010 – Dokumentation einer Lehrerfortbildung zur Szenariomethode als ein Beispiel für den sozialwissenschaftlichen Unterricht. Bielefeld o. J.

Beck, H.: Schlanke Produktion, Schlüsselqualifikationen und schulische Bildung. In: Pädagogik, Heft 6, 1993, S. 14ff.

<u>**Dennison, P. und G. Dennison:**</u> Lehrerhandbuch Brain-Gym, Freiburg 1993.

Der Kultusminister des Landes NRW (Hrsg.): Richtlinien für den Politikunterricht. Düsseldorf 1987.

Der Spiegel: Familie in der Falle, Heft 9, 1995, S. 40ff.

Die Ministerin für Bildung, Wissenschaft, Jugend und Kultur des Landes Schleswig-Holstein: Schleswig-Holsteinisches Schulgesetz, Kiel 1990.

Die Ministerin für Arbeit, Soziales, Jugend und Gesundheit des Landes Schleswig-Holstein: Demokratie lernen – Alltagsorientierte Kinderpolitik in Schleswig-Holstein, Kiel 1995.

<u>**Edwards, B.:**</u> Der Künstler in dir – Intuition und Phantasie methodisch entwickeln – ein Intensivkurs in kreativem Sehen, Denken und Gestalten, Hamburg 1987.

Gagel, W., Menne, D. (Hrsg.): Politikunterricht. Opladen 1988.

Gudjons, H.: Erziehungswissenschaft kompakt. Hamburg 1993.

Halfpap, K.: Handlungsorientierung ist mehr als nur praktisches Tun. In: Halfpap, K./Marwede, M. (Hrsg.): Werkstattlabor, Schwerte 1994, S. 21 – 25.

Hameyer, U. et al.: Pädagogische Werkstatt Kiel – Konzeption und Arbeitsgebiete, Kiel 1993.

Hinte, W.: Das erziehungswissenschaftliche Umdenken. In: Schoenebeck, H.v.: Antipädagogik im Dialog, Weinheim 1985, S. 38f.

IPTS-Landesseminar für berufsbildende Schulen (Hrsg.): Zusammenstellung ausgewählter Seminarpapiere. Kiel 1996.

Jank, W., Meyer, H.: Didaktische Modelle. Frankfurt a. M. 1995.

Jugendstiftung Baden-Württemberg (Hrsg.): Erlebnispädagogik – Theorie und Praxis in Aktion, Münster 1993.

»Der Klassiker«

Jungk, R. und N. R. Müllert: Zukunftswerkstätten, München 1994 (4. Auflage)

Kaiser, H./ Otto, K.,/ Rohlfing, G.,/ Weinbrenner, P.: Zukunft gestalten, Politik. Neusäß 1994.

Kampe, R: Zukunftswerkstatt und Szenario-Methode. Bielefeld o. J.

Koch, G.: Die Methode »Zukunftswerkstatt« in der Sozialpädagogik, Berlin 1994.

König, M.: Szenariotechnik. In: M. Becker, U. Pleiß (Hrsg.): Wirtschaftspädagogik im Spektrum ihrer Problemstellung. Baltmannsweiler 1988, S. 260-279.

Küppers, H. und P. Thiesen (Hrsg.): Neue Formen der Erzieherausbildung, Weinheim 1993.

Liebau, E.: Brauchen wir neue pädagogische Werte? In: Pädagogik, Heft 7-8, 1994, S. 6ff.

Marwede, M.: Das Menschenbild als Ausgangspunkt für unterrichtliches Handeln. In: Halfpap, K./Marwede, M. (Hrsg.): Werkstattlabor, Schwerte 1994.

Meadows, D.: Die Grenzen des Wachstums. Stuttgart 1972.

Meyer, H.: Unterrichtsmethoden, Praxisband II. Frankfurt am Main 1994.

Mohr, J.: Die neuen alten Werte. In: Spiegel Spezial, Heft 9, 1995, S. 22.

Müllert, N. R.: Über Wünschen und Träumen gewohnte Denk- und Handlungsschablonen verlassen. In: Zukunftsphantasien - (k)ein modischer Trend!? Soest, 1987.

Pädagogik: Werteerziehung kontrovers, Heft 7-8, 1994.

Pallasch und Reimers liefern einen guten Gesamtüberblick über die verschiedenen Werkstattformen.

Pallasch, W. und H. Reimers: Pädagogische Werkstattarbeit – Eine pädagogisch-didaktische Konzeption zur Belebung der traditionellen Lernkultur, Weinheim 1990.

Rabenstein, R.: Lernen kann auch Spaß machen! Einstieg, Aktivierung, Reflexion: Themen bearbeiten in Gruppen, Münster 1986.

Reibnitz, U. v.: Szenarien. Optionen für die Zukunft. Hamburg 1987.

Reibnitz, U. v.: Szenariotechnik. Instrumente für die unternehmerische und persönliche Erfolgsplanung. Wiesbaden 1992.

Spiegel Spezial: Kinder, Kinder – Erziehung in der Krise, Heft 9, 1995.

Stange, W. und W. Paschen: Praxishandbuch Zukunftswerkstätten. Hrsg.: DGB-Jugend Nordmark und die Ministerin für Arbeit, Soziales, Jugend und Gesundheit des Landes Schleswig-Holstein, Kiel 1994.

Hervorragend! Stange liefert eine Fülle methodischer Anregungen für die Werkstattarbeit.

Stange, W.: Zukunftswerkstatt. Hrsg.: Vorstand der SPD, Bonn ohne Datum.

Thiesen, P.: Kreatives Spiel mit Kindern, Jugendlichen und Erwachsenen, Köln 1995.

Thiesen, P.: Sozialpädagogik lehren. Kleines Kompendium des Unterrichtens an Ausbildungsstätten für Sozialpädagogik/Sozialarbeit, Weinheim 1991.

Vester, F.: Ausfahrt Zukunft. Strategien für den Verkehr von morgen. Eine Systemuntersuchung. München 1990.

Weinbrenner, P.: Die Szenario-Methode als Mittel zum kreativitätsfördernden Lernen – gezeigt am Beispiel des Themas »Multikulturelle Gesellschaft«. Bielefeld 1994.

Watzlawick, P. / Weakland, J. / Fisch, R.: Lösungen, Bern 1984.

Zdenek, M.: Der kreative Prozeß (Die Entdeckung des rechten Gehirns), Berlin 1992.

Zeitschrift für Erziehung und Wissenschaft in Schleswig-Holstein: Humane Schule, Heft 9, 1995.

ANHANG: WERKZEUGKASTEN

Organisations- und Arbeitshilfen:
- Checkliste
- Drehbuch-Beispiel
- Gruppenarbeit: Empfehlungen/ Regeln
- Maßnahmenkatalog
- Phasenschema Zukunfts-W.
- Phasenschema Szenariotechnik
- Präsentations-Möglichkeiten
- Soziale Phantasie entwickeln und umsetzen
- Werkstatt-»Philosophie«
- Werkstatt: Rahmenbedingungen, Ausstattung ...
- Werkstatt-Überblick

Moderations-Regeln:
- Brainstorming-Regeln
- Karten-Technik
- Regeln für die Kritikphase
- Umsetzungsphase-Regeln

Moderations-Elemente: Spiele, Medien, Arbeitsformen...
- Blitzlicht
- Brain-Gym-Übung
- Brainstorming
- Büchertisch
- Erfinderspiel
- Erwartungsabfrage
- Früchtebaum
- Gegenstands-Assoziationen
- Klagemauer
- Kleingruppenarbeits-Poster
- Knotenlösen
- Kreativer Spaziergang
- Mind Mapping
- Referate
- Spots in Movement
- Sprüchewand
- »Ideen-TÜV«
- Stimmungsbild
- Werkstatt-»Philosophie«
- Wozu ist das gut?
- 6-3-5 Methode

WERKZEUGKASTEN

Hinweise zur Benutzung des Werkzeugkastens

Auf die Elemente des Werkzeugkastens wird sowohl im Theorie- als auch im Praxisteil beider Werkstattformen explizit hingewiesen. Da der Gebrauch dieser »Handwerkszeuge« nicht allein auf die genannten Kontexte beschränkt ist, wird hier zunächst per Matrix ein Überblick über weitere Einsatzmöglichkeiten gegeben.
Die gebrauchsfertige Darstellung aller Elemente folgt dann einem einfachen Schema:
1. Allgemeine Organisations- und Arbeitshilfen
2. Moderations-Regeln
3. Moderationselemente: Spiele, Medien, Arbeitsformen...

Zu 1:
Alle aufgeführten Werkzeuge können kopiert und für die eigene Arbeit direkt verwendet werden. Bei einigen Elementen wurde besonders darauf geachtet, dass diese sich als Kopiervorlagen für Folien eignen.

Zu 2:
Das Thema »Moderation« füllt mittlerweile problemlos ganze Buchregale. Hier werden nur die für die Werkstattarbeit wichtigsten Basiselemente vorgestellt.

Zu 3:
Natürlich existieren weitaus mehr Möglichkeiten, eine Zukunftswerkstatt oder Szenariotechnik zu gestalten, als hier beschrieben werden. Insofern sind die aufgezählten Werkzeuge in erster Linie als Orientierungshilfe für die Planung eigener Durchführungskonzepte zu verstehen. Der Appetit auf neue Variationen kommt beim »Selbermachen« !

WERKZEUGKASTEN

Matrix: Zukunftswerkstatt	Vorbe-reitung	Orientie-rungsphase	Kritikphase	Phantasie- und Utopie-phase	Um-setzungs-phase	Nach-bereitung
Organisations- und Arbeitshilfen:						
Checkliste	•					
Drehbuch-Beispiel	•	•	•	•	•	•
Gruppenarbeit:Empfehlungen/ Regeln			•	•	•	
Maßnahmenkatalog						
Phasenschema Zukunftswerkstatt	•	•	•	•	•	•
Phasenschema Szenariotechnik						
Präsentations-Möglichkeiten			•	•	•	
Soziale Phantasie entwickeln und ...	•					
Werkstatt-»Philosophie«	•	•	•	•	•	
Werkstatt: Rahmenbedingungen...	•	•				
Werkstatt-Überblick	•					•
Moderations-Regeln:						
Brainstorming-Regeln			•	•	•	
Karten-Technik			•	•	•	
Regeln für die Kritikphase			•			
Umsetzungsphase-Regeln					•	
Moderations-Elemente: Spiele, Medien, Arbeitsformen...						
Blitzlicht		•	•	•	•	•
Brain-Gym-Übung			•	•	•	
Brainstorming			•	•	•	
Büchertisch		•	•	•	•	
Erfinderspiel				•		
Erwartungsabfrage	•					
Früchtebaum				•	•	
Gegenstands-Assoziationen				•		
Klagemauer			•			
Kleingruppenarbeits-Poster		•	•		•	
Knotenlösen			•	•	•	
Kreativer Spaziergang			•	•	•	
Mind Mapping	•		•	•	•	•
Referate	•					•
Spots in Movement		•	•	•	•	
Sprüchewand		•	•	•	•	•
»Ideen-TÜV«					•	
Stimmungsbild			•	•	•	
Werkstatt-»Philosophie«	•	•	•	•	•	•
Wozu ist das gut?				•		
6-3-5 Methode			•	•	•	

WERKZEUGKASTEN

Matrix: Szenariotechnik	Vorbereitung	Problemanalyse	Einflussanalyse	Deskriptorenanalyse	Entwicklung der Szenarien	Strategien und Maßnahmen zur Problemlösung	Nachbereitung
Organisations- und Arbeitshilfen:							
Checkliste	•						
Drehbuch-Beispiel							
Gruppenarbeit: Empfehlungen/ Regeln		•	•	•	•	•	
Maßnahmenkatalog						•	
Phasenschema Zukunftswerkstatt							
Phasenschema Szenariotechnik	•	•	•	•	•	•	•
Präsentations-Möglichkeiten		•	•	•	•	•	
Soziale Phantasie entwickeln und ...							
Werkstatt-»Philosophie«							
Werkstatt: Rahmenbedingungen...	•	•	•	•	•	•	•
Werkstatt-Überblick							
Moderations-Regeln:							
Brainstorming-Regeln	•				•		
Karten-Technik			•				
Regeln für die Kritikphase							
Umsetzungsphase-Regeln							
Moderations-Elemente: Spiele, Medien, Arbeitsformen...							
Blitzlicht		•	•	•	•	•	
Brain-Gym-Übung		•	•	•	•	•	
Brainstorming	•				•		
Büchertisch		•	•	•		•	
Erfinderspiel							
Erwartungsabfrage							
Früchtebaum							
Gegenstands-Assoziationen							
Klagemauer							
Kleingruppenarbeits-Poster		•	•	•	•	•	
Knotenlösen							
Kreativer Spaziergang							
Mind Mapping	•	•	•	•	•	•	•
Referate	•		•	•			
Spots in Movement		•	•	•	•	•	
Sprüchewand			•	•	•	•	•
»Ideen-TÜV«							
Stimmungsbild							
Werkstatt-»Philosophie«							
Wozu ist das gut?							
6-3-5 Methode							

WERKZEUGKASTEN

SOLL	IST	VORAB KLÄREN ...	HINWEISE	WER
		Klasse/Seminargruppe (Einverständnis holen?!)		
		Teilnehmerzahl		
		Termin		
		Räume		
		Vorinformation der Klasse/Gruppe		
		Absprachen mit anderen Lehrkräften		
		Abstimmung mit Stundenplaner/in		
		Information des Hausmeisters		
		Sind in der Schule/Einrichtung (ausreichend) vorhanden:		
		Pinnwände, Stelltafeln		
		Wandzeitungspapier		
		Packpapier		
		Moderationsmaterial (Karten, Stifte, Kleber, Nadeln ...)		
		Musikanlage		
		Videoanlage		
		Kamera und Filme		
		Kaffeemaschine		
		Catering (Kaffee, Kekse, Obst, Brötchen ...)		
		...		

SOLL	IST	METAPLAN-VISUALISIERUNGEN, POSTER...	HINWEISE	WER
		Zukunftswerkstatt-Titel		
		Zukunftswerkstatt: Aufbau und Regeln		
		Sprüchewand		
		Spielregeln zur Gruppenarbeit/Karten-Technik		
		Poster Erwartungsabfrage		
		Poster Organisatorisches		
		Poster Moderationstechnik		
		Poster Visualisierungsregeln		
		Poster Gesprächsregeln		
		Poster Brainstorming-Regeln		

WERKZEUGKASTEN

SOLL	IST		HINWEISE	WER
		Poster Kritikphase		
		Poster Umsetzungsphase		
		...		
SOLL	**IST**	**DIDAKTISCH-METHODISCHE HILFEN**	**HINWEISE**	**WER**
		Material für Gruppeneinteilung		
		Spielesammlung		
		Zukunftswerkstatt-Drehbuch		
		Zukunftswerkstatt-Info-Text (für Schüler/innen)		
		Auswertungs-Fragebogen		
		Feedback-Raster		
		...		
SOLL	**IST**	**EINZELMETHODEN, DEMO-MATERIAL ...**	**HINWEISE**	**WER**
		Klagemauer		
		Früchtebaum		
		Erfinderspiel		
		Gegenstands-Assoziationen		
		Kreativer Spaziergang		
		Stiftung Ideen-Test usw.		
		...		
SOLL	**IST**	**ARBEITSBLÄTTER U.Ä. MATERIALIEN ...**	**HINWEISE**	**WER**
		Warum-und-weil-Brief		
		635-Methode/Formular		
		Erfinderspiel-Gegenstände		

WERKZEUGKASTEN

		Assoziations-Methode/Gegenstände		
		Ball, Luftballons ...		
		Scheren		
		Locher		
		...		
SOLL	IST	MEDIEN	HINWEISE	WER
		Kassettenrekorder		
		Verlängerungskabel		
		bespielte Kassetten		
		Leerkassetten		
		Videorekorder		
		Kabel		
		bespielte Kassette/Leerkassette		
		Videokamera		
		Akkus (geladen?)		
		Kamera		
		Filmmaterial		
		Overheadprojektor		
		Reservebirne		
		Theaterrequisiten		
		...		

WERKZEUGKASTEN

SOLL	IST	VERBRAUCHSMATERIALIEN ...	HINWEISE	WER
		Leerpapier DIN A4/DIN A3		
		Collagen-Material (Zeitschriften, Photos ...)		
		Leerfolien		
		Folienstifte		
		Leerposter (Packpapier, Makulaturpapier ...)		
		Moderationsmaterial (Koffer)		
		Karten (verschiedene Farben)		
		Ovale (verschiedene Farben)		
		Kreise (verschiedene Farben)		
		Wolken		
		Streifen		
		Kreppband		
		Nadeln		
		Klebestifte		
		Stifte		
		Buntstifte		
		Wachsmaler		
		...		

SOLL	IST	DEMOMATERIALIEN ...	HINWEISE	WER
		Literatur zur Zukunftswerkstatt ...		
		Zukunftswerkstatt-Protokolle		
		Zukunftswerkstatt-Drehbücher		
		Fotos von vorangegangenen Zukunftswerkstätten		
		...		

WERKZEUGKASTEN

ZEIT Sozialform	ARBEITSSCHRITTE UND PHASEN (Inhalte und Methoden)	HINWEISE Anmerkungen ...	MATERIAL Medien ...
4.9. – 6.9. 8:30 – 14:00 Uhr Pausen nach Bedarf 1. TAG	**ZUKUNFTSWERKSTATT:** »Wenn wir zu sagen hätten ...« **Motto:** Das Undenkbare denken – Impulse, Ideen und Vorschläge für die zukünftige Ausbildung von Erzieher/innen.	Noch einmal auf Nutzen für die Schule hinweisen.	Vorbereitetes ZW-Poster
Plenum 20 Min.	**ORIENTIERUNGSPHASE** Klärung von Organisationsfragen: Zeiten, Planungsablauf und Überblick über Thema, Ziele und Elemente der Zukunftswerkstatt.	Hinweis auf Sprüchewand. Wie nutzen?	Sprüchewand
10 Min.	**Anwärmer:** Abfrage der Erwartungen und Einstimmung auf die Zukunftswerkstatt mit einem Wortspiel.	Spielanleitung geben.	Leere Wandzeitung
	KRITIKPHASE		
15 Min.	**Überblick** über Ziele, Vorgehensweise und Regeln.	Regeln und Hinweise sorgfältig einführen!	Gruppenarbeits-Poster Flip-Charts zu: – Kritikphase – Karten-Techn. – Ausbildung
Kleingruppen 45 Min.	**Negative Kritikpunkte sammeln.** »**Klagemauer**« als Metapher. **Mögliche Leitfragen:** »Wenn ich an meine Ausbildung zur Erzieherin bzw. zum Erzieher denke, dann missfällt mir vor allem ...« »Nach einem Jahr Erzieher/innen-Ausbildung an der Fachschule habe ich vor allem folgende Gründe zur Klage ...« »Wenn ich einem Freund oder einer Freundin die Nachteile der gegenwärtig praktizierten Ausbildung erklären sollte, dann würde ich vor allem folgende Schwachpunkte nennen ...« **Schwerpunkte setzen.**	Gruppen einteilen und mit Material, Medien, Fragestellung und Zeitplan ausstatten. Alternativ: 635-Methode oder Zuruf-Methode	DIN-A3-Poster DIN-A4-Infos Tafel, Karten, Stifte, Kleber, Papier, Klebepunkte
45 Min.	**Positive Kritikpunkte sammeln.** »**Früchte-Baum**« als Metapher. **Mögliche Leitfragen:** »Echte Stärken am momentanen Ausbildungssystem sind nach meiner Einschätzung folgende Dinge ...« »Wenn ich jemanden für die Ausbildung zum/zur Erzieherln werben müsste, dann würde ich vor allem folgende Stärken in der Ausbildung hervorheben...« "Wenn ich völlig freie Hand für die Gestaltung der Erzieher/innen-Ausbildung hätte, dann würde ich von der heutigen Ausbildung folgendes übernehmen...«	Alternativ: »Baum der Erkenntnis« oder »Ausbildungs-Bonbons«	Tafel, Karten, Stifte, Kleber, Papier, Klebepunkte

WERKZEUGKASTEN

ZEIT Sozialform	ARBEITSSCHRITTE UND PHASEN (Inhalte und Methoden)	HINWEISE Anmerkungen ...	MATERIAL Medien ...
Plenum 70-90 Min.	**Schwerpunkte setzen.** **Präsentation und Diskussion der Ergebnisse.** Wo gibt es Gemeinsamkeiten, wo Unterschiede in der kritischen Würdigung der derzeitigen Ausbildung?		
Plenum/Einzeln 15 Min.	**Stimmungsbild.** Nach der kognitiven Herangehensweise an die Vor- und Nachteile der derzeitigen Ausbildung wird die Analyse durch das Malen eines »Stimmungsbildes« auf der emotionalen Ebene abgeschlossen. **Anmoderation** per Phantasiereise. Das fertige Bild am Ende durch einen Satz kennzeichnen. Die Bilder nicht weiter diskutieren, vorstellen, sondern für sich stehen lassen.	Didaktische Reserve? Mit Musik unterlegen. --> Sprüchewand!	Leere DIN-A3 Bögen, Wachsmaler, Buntstifte Kassettenrekorder und Entspannungskassette
2. TAG Plenum 15 Min.	**PHANTASIEPHASE** **Überblick** über Ziele, Vorgehensweise und Regeln.	Brainstorming-Regeln betonen. Notwendigkeit der Lockerungsübungen begründen.	Flip-Chart zu: – Brainstorming
30 Min.	**Phantasie-Lockerungsübungen** Edukinestetik (Brain-Gym-Übungen) Spots in Movement und Redensarten szenisch darstellen: »Einen Stein ins Rollen bringen.« »Die Welt aus den Angeln heben.« »Die Sau rauslassen.« usw. Knotenlösen	Oder: Erfinderspiel Wofür ist das gut?	Diverse Gegenstände, Karten mit Begriffen, Kass.-rekorder und flotte Musik
Kleingruppen 60 Min.	**Ideensammlung** (Basis: neg. Kritikschwerpunkte) »**Traumschloss**« als Metapher. **Mögliche Leitfragen:** »Wie lassen sich die ausgewählten Kritikschwerpunkte mit viel sozialer Phantasie und Weitblick lösen?« »Angenommen, ihr habt die Macht und die Möglichkeiten (Geld, Einfluss ...) die Erzieherausbildung nach euren Vorstellungen zu gestalten: Welche Verbesserungen und Lösungsmöglichkeiten für die genannten Problemschwerpunkte seht ihr?« »Welche Möglichkeiten gibt es, die genannten Probleme zu lösen und sinnvolle Erneuerungen für die Erzieher/innenausbildung einzuführen? Eure Vorschläge, Ideen, Visionen, Träume ....« **1. Runde:** per Kartenabfrage **2. Runde:** per Gegenstands-Assoziationen **3. Runde:** Kurzer Spaziergang u. mit »Links« schreiben	Schnell zur Ideensammlung wechseln!!! Runde 2 und 3 als Anreicherung.	DIN-A4-Info Brainstorming Tafel, Karten, Stifte, Kleber, Papier, Klebepunkte

WERKZEUGKASTEN

ZEIT Sozialform	ARBEITSSCHRITTE UND PHASEN (Inhalte und Methoden)	HINWEISE Anmerkungen ...	MATERIAL Medien ...
45 Min.	**Vorschläge ordnen** (so weit möglich). **Vorschläge bewerten** (Punktabfrage). »Was ragt aus den Vorschlägen, Ideen ... als besonders überraschend, reizvoll und packend heraus?« **Kreative Präsentation vorbereiten** (als Einstieg). »Wie können wir die Ergebnisse den anderen auf möglichst spannende Weise mitteilen?«	Z.B. Standbild, Poster, Theater, Pantomime ...	Material nach Bedarf zur Verfügung stellen.
Plenum 70-90 Min.	**Präsentation der Ergebnisse** (Ideenspeicher für Phantasiethemenkreise?) **Bewertung der Vorschläge im Plenum?**	Alternative für Ideenspeicher: Gruppen arbeiten mit ihren Vorschlägen weiter.	Wandzeitung Klebepunkte
3. TAG Plenum	**UMSETZUNGSPHASE** (Basis: Phantasiethemenkreise)		
15 Min.	**Überblick** über Ziele, Vorgehensweise und Regeln.	Noch einmal für Ausstellung, Fish-Bowl-Diskussion und Teilnahme an Konzeptionstagen werben!!! Hinweis auf Thema für Projekt geben. --> Früchtebaum vom Montag (?)	Flip-Chart zu: Umsetzungsphase
Kleingruppen 120 Min.	**Umsetzung: Was geht wie?** **Leitfragen:** »Was wollen wir von unseren Vorschlägen umsetzen?« »Welche unserer Ideen sollten weiterverfolgt und ausgearbeitet werden?« »Welche Ideen eignen sich, um daraus konkrete Vorhaben, Projekte oder Aktionen zu machen?« »Wie wollen wir unsere Ideen umsetzen?« »Wie könnten wir einen Ideenkern durch Veränderung, Kombination mit anderen usw. brauchbar machen?« **Planung und Ausarbeitung** Erarbeitung von Strategien und konkreten nächsten Planungsschritten. Eventuell konzeptionelle Skizzierung möglicher Projekte. Herstellen von Dokumentations- und/oder Info-Material. Vorbereitung von geeigneten Aktionen.	Ideenspeicher und Neigungsgruppen bilden oder in alten Gruppen weiterarbeiten lassen.	Wandzeitungen mit erarbeiteten Vorschlägen. Tafel, Karten, Stifte, Kleber, Papier, Klebepunkte ... DIN-A3 Poster: Palette von ...
Plenum/ Kleingruppen 60 Min.	**Präsentation der Umsetzungsideen und »Prüfung«** Ideen-TÜV: Die Kleingruppen erstellen ein »Kurzgutachten« für jeweils einen Realisierungsvorschlag (Projektskizze, Aktion ...) einer anderen Gruppe	Alternative: Plenums-Gespräch: »Funktionieren unsere Ideen?«	

WERKZEUGKASTEN

ZEIT	ARBEITSSCHRITTE UND PHASEN (Inhalte und Methoden)	HINWEISE Anmerkungen ...	MATERIAL Medien ...
Plenum/ Einzeln 30 Min.	**Abschluss:** Zusammenfassung und Resümee. Feedback zur Zukunftswerkstatt einholen. »Wenn wir zu sagen hätten ...« per Kartenabfrage als Ausdruck einer persönlichen Schwerpunktsetzung. Abschlussfoto vor ausgewähltem Poster o.Ä. **ENDE** **Weiteres Vorgehen** Je nach Planungen der Gruppen kommen eine Reihe von Folgeaktivitäten infrage: • Termine festlegen • Räume ordern • Schulleitung, Kolleg/innen etc. informieren • Dokumentation schreiben • Weiteren Werkstatt-Tag organisieren • Materialien besorgen	Ggf. durch Blitzlicht ersetzen.	Fragebogen Kamera, Stativ Außerdem: Kamera, Stativ, Kaffee, Kekse, Flip-Chart-Bögen, gute Laune, Inspiration ...

WERKZEUGKASTEN

Gruppenarbeit: Empfehlungen, Regeln

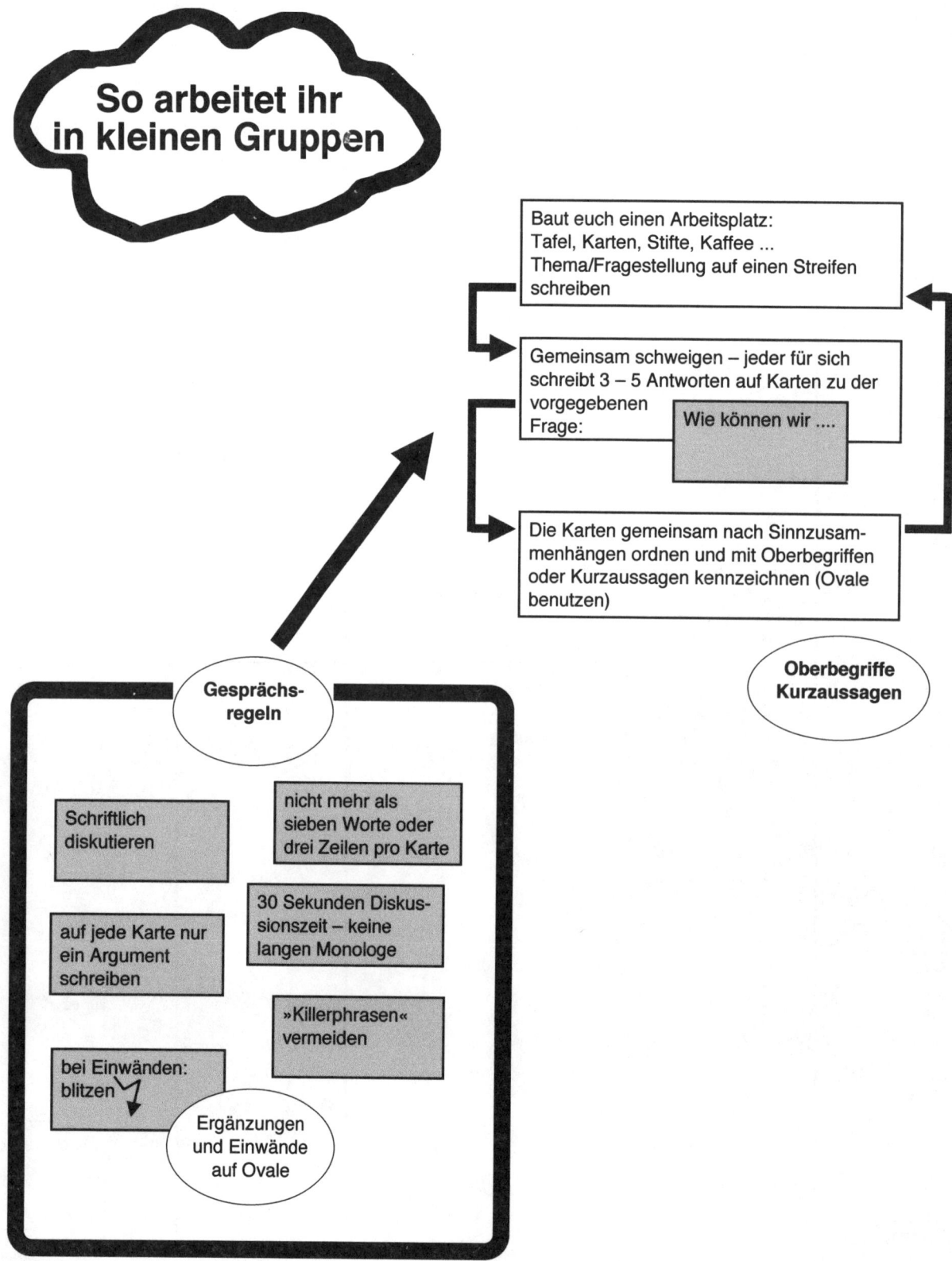

WERKZEUGKASTEN

Maßnahmenkatalog

Ziele	Zeithorizonte	Akteure	Maßnahmen
	kurzfristig (k) mittelfristig (m) langfristig (l)	Ich (der Einzelne) Wir (Verbände, Parteien...) Der Staat (Bund) Land (Kommune) Europa (EU) Die Weltgemeinschaft (z.B. UNO)	

WERKZEUGKASTEN

Phasenschema Szenariotechnik

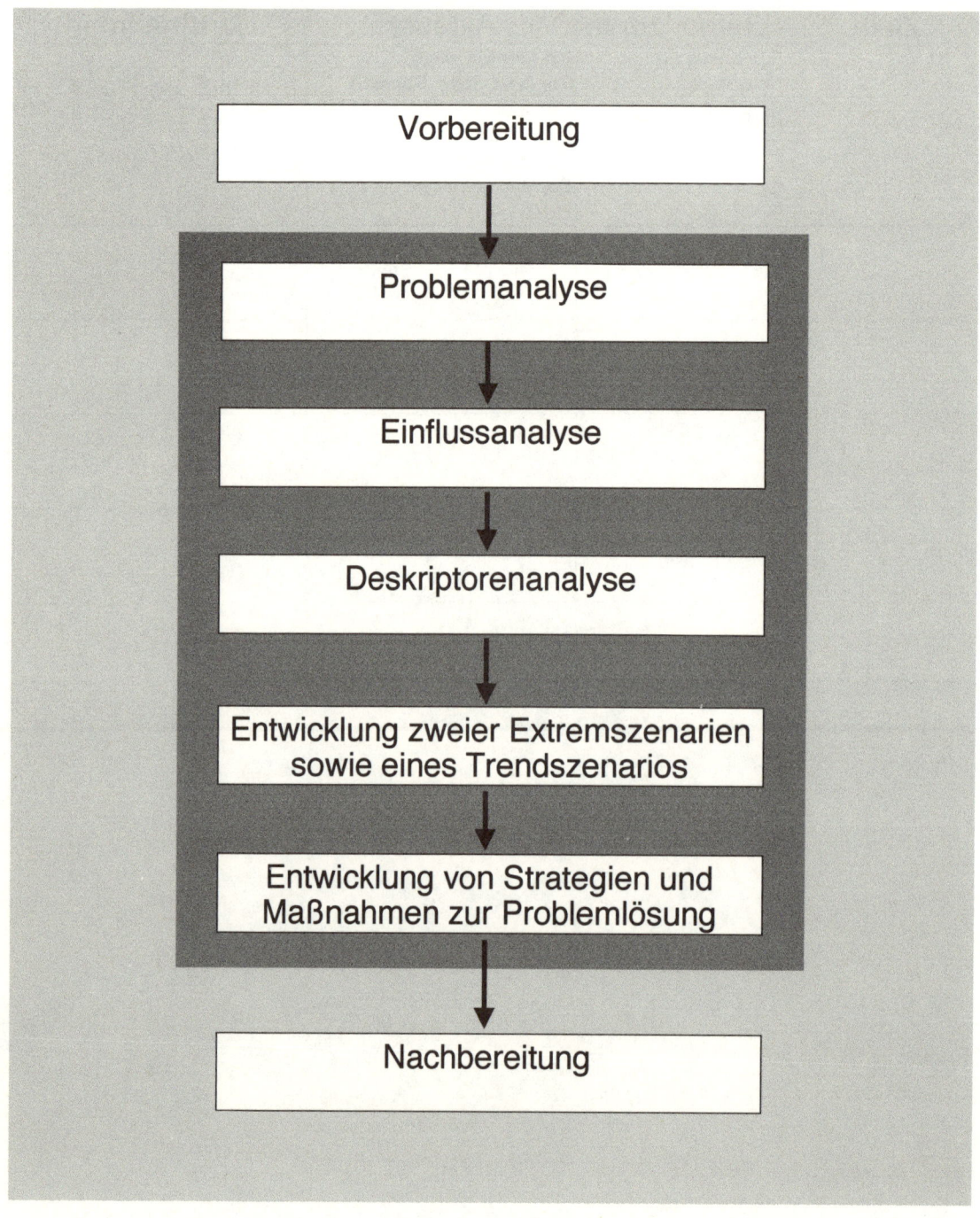

WERKZEUGKASTEN

Phasenschema Zukunftswerkstatt

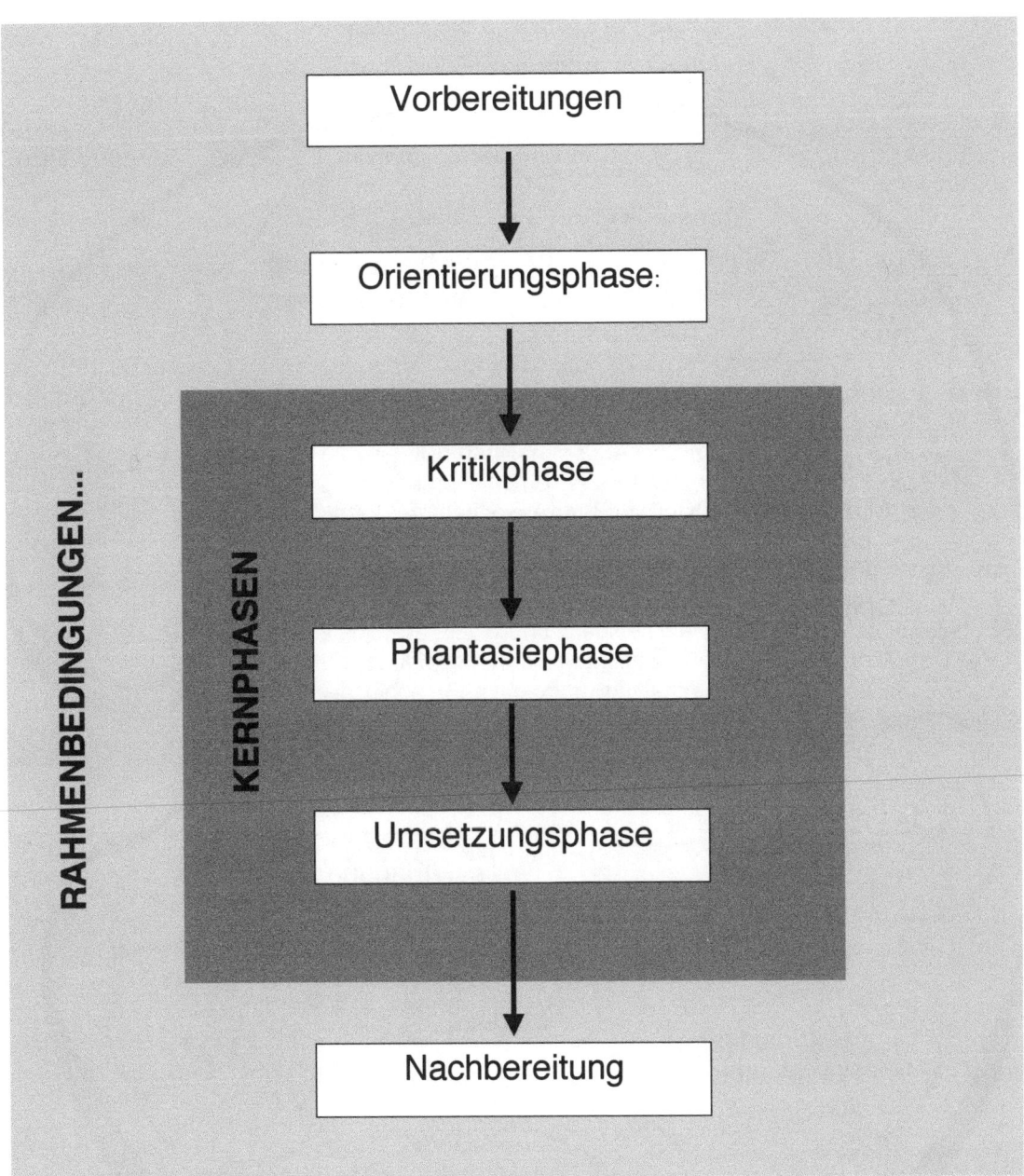

WERKZEUGKASTEN

Präsentations-Möglichkeiten

Um die Ergebnisse der Werkstattarbeit anderen vorführen zu können, kann auf eine große Bandbreite unterschiedlichster Präsentationsformen zurückgegriffen werden. Eine Auswahl zeigt die nachfolgende Grafik (vgl. Jungk und Müllert 1994, S.135):

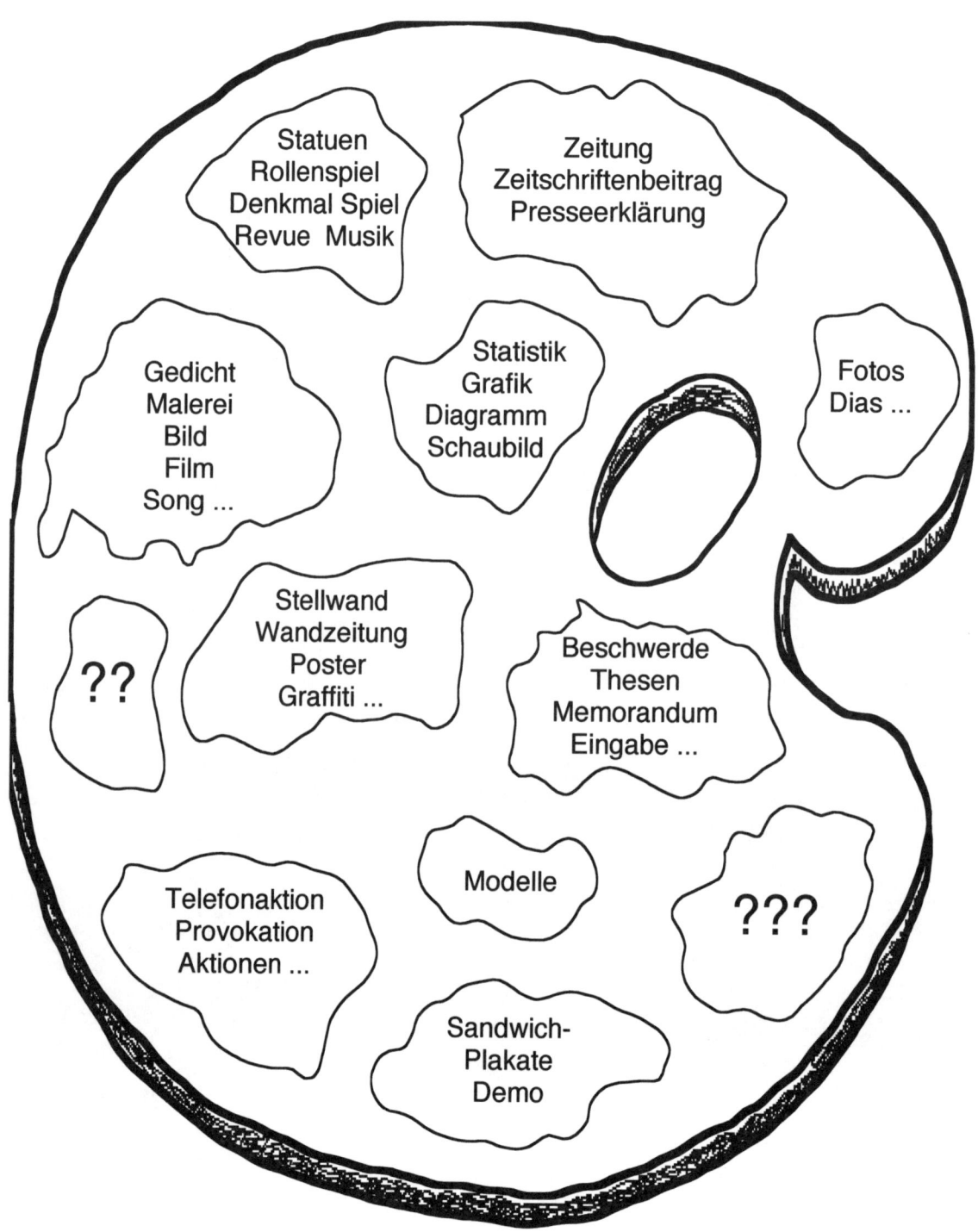

WERKZEUGKASTEN

Soziale Phantasien entwickeln...

Entwicklung sozialer Phantasie:

- Neue gesellschaftliche Institutionen erfinden!
- Neue Methoden zur sozialen, politischen, wirtschaftlichen Veränderung erfinden!
- Andersartige Beschäftigungen und Leistungen erfinden!
- Neue Wert- und Zielsetzungen erfinden!
- Eine kreative Gesellschaft erschaffen!

Anwendungs- und Umsetzungsmöglichkeiten von sozialer Phantasie:

- Problemlösungen für Organisationen wie Betriebe, Schulen, Jugendzentren, Berufsvertretungen, Bürgerinitiativen.
- Entwerfen von individuellen Lebensplänen oder Familienperspektiven.
- Belebung von Seminaren, Versammlungen ...
- Aktivierung von Teilnehmern.

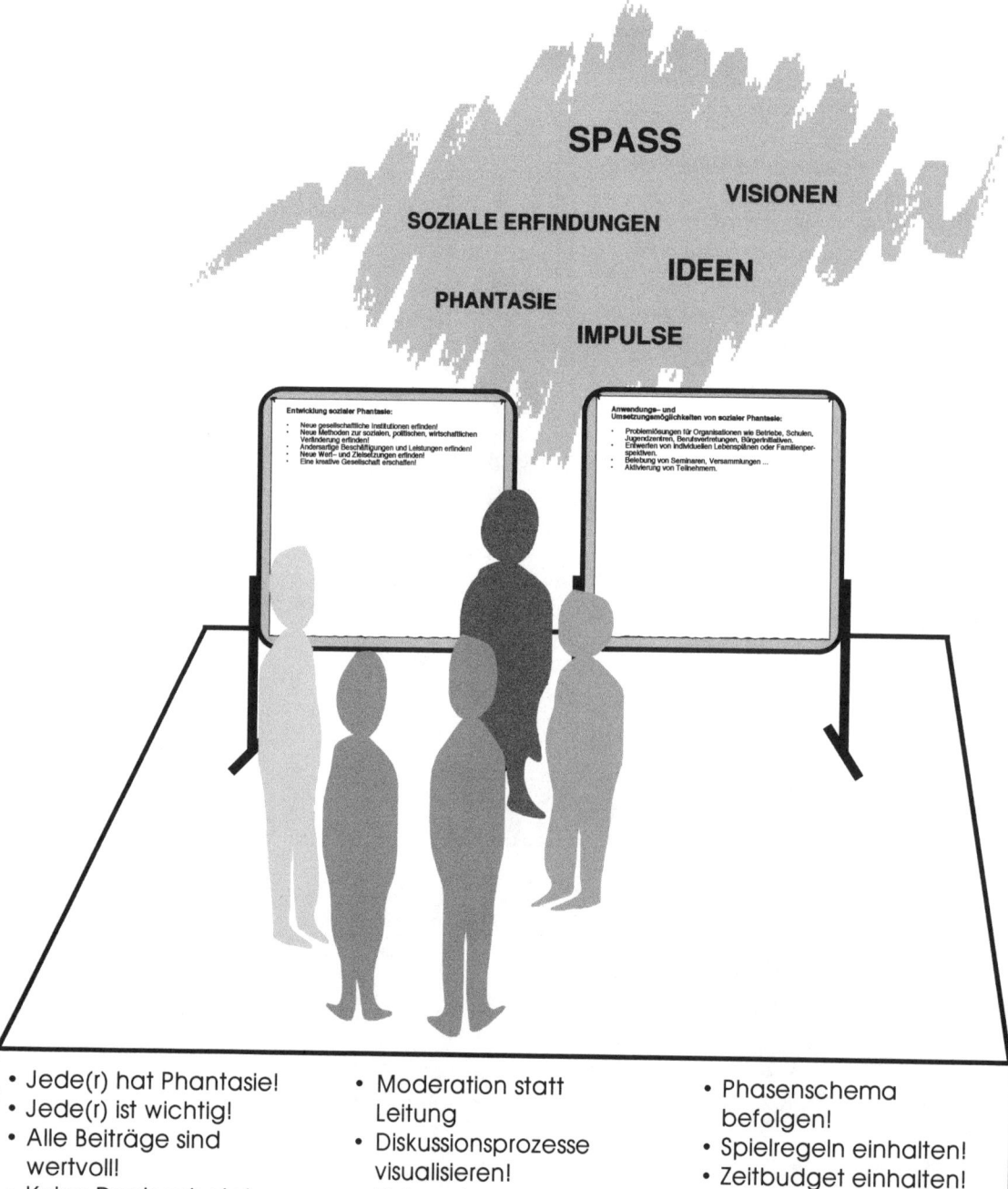

WERKZEUGKASTEN

Werkstatt: Rahmenbedingungen

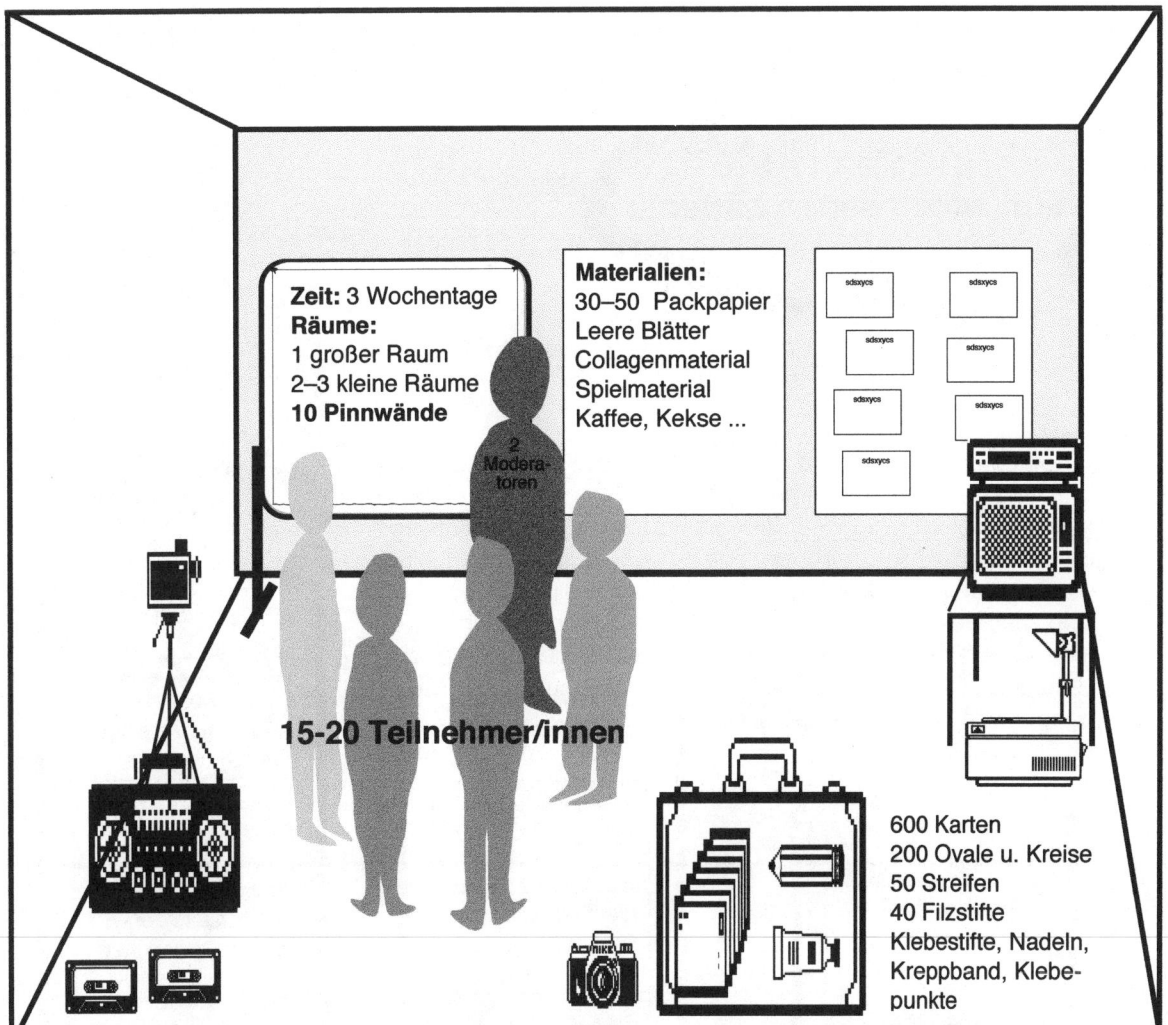

WERKZEUGKASTEN

Werkstatt-Überblick

**Zukunftswerkstatt:
Wenn wir zu sagen hätten...**

Das Undenkbare denken – Impulse, Ideen und Vorschläge für ...

1. Tag Kritikphase
- Organisationsfragen Erwartungen
- Analyse der derzeitigen Situation ....
- Präsentation und Diskussion der Ergebnisse

2. Tag Phantasie- u. Utopiephase
- Phantasielockerung
- Ideensammlung: Phantastisches, Visionen, Impulse
- Präsentation der Ergebnisse und Diskussion

3. Tag Umsetzungsphase
- WAS wollen wir von unseren Vorschlägen umsetzen?
- WIE können wir unsere Ideen umsetzen?
- Abschluss der Zukunftswerkstatt

- Jeder ist wichtig! Alle Beiträge sind wertvoll!
- Raus aus dem Zeitgefängnis!
- Jede/jeder hat Phantasie!
- Nicht gegeneinander, sondern miteinander
- Zukunftswerkstatt = hierarchiefreier Raum
- Keine Denkverbote!
- Diskussionsprozesse visualisieren
- Zielorientiert und ergebnisorientiert handeln
- Phasenaufbau konsequent befolgen
- Zukunftswerkstatt ist ein Spiel: Sie ist offen, locker und macht Spaß

WERKZEUGKASTEN

Brainstorming-Regeln

- Jede/r hat Phantasie!

- Den Ideen freien Lauf lassen:
  - Keine Zensur im Kopf.
  - Kein Denken an Sachzwänge
  - Gegensätzliches stehen lassen.
  - Keine Killerphrasen.
  - Phantasie hat keine Grenzen.
  - Jede Idee ist erlaubt.
  - Je kühner und verrückter, desto besser.
  - Das sonst Undenkbare denken!
  - Mut zum Ungewöhnlichen.

- Klare Trennung von Ideenentwicklung und Bewertung:
  - Alles gleich notieren, auf »Menge« gehen.
  - Erst sammeln, später diskutieren.
  - Keine Kartenbegrenzung

- Nach dem ersten »Gehirnsturm«:
  - Karten anpinnen und ggf. erläutern.
  - Weitere Ideen sammeln.

- Miteinander denken:
  - Die Ideen von anderen aufgreifen und weiter entwickeln!

WERKZEUGKASTEN

Karten-Technik

- Sammeln, ordnen, auswählen.
- Alle Karten anpinnen – keine fällt unter den Tisch.
- Karten laut vorlesen beim Anpinnen.
- Alle Beiträge sind gleich viel wert.
- Verständnisfragen sind erlaubt.
- Gegensätzliches stehen lassen: Blitzen

  Ergänzungen auf Ovale daneben
- Freie Flächen lassen.
- Karten ordnen – »clustern«
- Ergänzen und weiterentwickeln: Weitere Karten?
- Karten-»Häufchen« (Cluster) mit dickem Stift umrahmen.
- Oberbegriffe/Kurzaussagen auf Kreise/Ovale.
- Cluster fixieren/kleben.
- Ablauf der Ergebnis-Präsentation klären.

WERKZEUGKASTEN

Regeln für die Kritikphase

- Schriftlich diskutieren --> visualisieren!
- Frust, Ärger, Unmut, Kritik loswerden.
- Keine unendliche Ursachenanalyse betreiben.
- Diskussionsbedarf innerhalb der Kleingruppe abdecken.
- Keine Monologe – 30 Sekunden-Regel
- Zeitbudget einhalten – Gefahr des Ausuferns.
- Auch in der Kritikphase keine Killersprüche.
- Kritik nur an Sachen und Zuständen, nicht an Personen.

WERKZEUGKASTEN

Umsetzungsphase: Regeln

- Auswählen, Verdichten und Ausgestalten.
- Utopische Vorstellungen in die realen Bedingungen »übersetzen«.
- Immer konkreter werden.
- Vorschläge, Projektideen usw. umsetzen.
- Das spätere Handeln vorbereiten:
  – Folgeaktivitäten, Handlungspläne festlegen.
- Geduld: »Auch eine Reise von tausend Kilometern fängt mit dem ersten Schritt an.« (chinesisches Sprichwort)

WERKZEUGKASTEN

Blitzlicht

Methodentyp	Prozess-Reflexion
Ziele / Inhalte	Eigene Befindlichkeiten, Einstellungen äußern. Den Prozess der Arbeiten mitgestalten.
Sozialform	Plenum
Dauer	5–10 Minuten
Vorbereitung / Materialien	keine
Durchführungshinweise	Den Impuls für ein Blitzlicht gibt meist der Moderator in Frageform. Beispiele: • Bitte geben Sie ein kurzes Statement dazu, wie Sie sich im Moment fühlen. • Bitte teilen Sie uns in einem Satz mit, welche der gerade besprochenen Inhalte für Sie besonders wesentlich waren. • Wie erlebst du das Gruppenklima in diesem Augenblick? ... Die Beantwortung erfolgt in der Regel reihum. Zur Antwort ist jedoch niemand verpflichtet. Wichtig: Der Moderator achtet darauf, dass die Aussagen der Teilnehmer/innen nicht durch andere kommentiert werden. Jede Aussage soll in der vorgestellten Form für sich Bestand haben. Erst am Ende kann das Ergebnis der Blitzlicht-Runde aufgegriffen und ggf. diskutiert werden (z.B. im Hinblick auf mögliche Veränderungen im weiteren Vorgehen).

WERKZEUGKASTEN

Brain-Gym-Übung

Methodentyp	Lockerungsübung
Ziele / Inhalte	Mentale und physiologische Aktivierung durch Körperübungen. --> Stressoren abbauen ---> linke und rechte Hirnhälfte aktivieren
Sozialform	Plenum
Dauer	5–10 Minuten
Vorbereitung / Materialien	keine
Durchführungshinweise	Die hier verwendeten Übungen lassen sich am besten ausführen, wenn alle Teilnehmer/innen im Kreis stehen und um sich herum genügend Platz haben. Schnell und einfach umzusetzen sind alle Übungen, die Überkreuzbewegungen der Arme und Beine provozieren. Durch diese Überkreuzbewegungen werden sowohl die linke als auch die rechte Hirnhälfte aktiviert und ihre Leistungen durch das Corpus Callosum (Balken) verknüpft. Übungsbeispiel: Mit der linken Hand das rechte Ohr und gleichzeitig mit der anderen Hand die Nase berühren – dann über Kreuz mit beiden Händen die Kniespitzen anfassen – jetzt umgekehrt, also rechte Hand an linkes Ohr und linke Hand an Nasenspitze, weitermachen und die Übung in ständigem Wechsel fortführen. Diese Übung ist nicht leicht und bewirkt bei den Teilnehmer/innen schnell eine aufgelockerte Atmosphäre (weiter Übungen siehe Literaturhinweise).

WERKZEUGKASTEN

Brainstorming

Methodentyp	Ideensammlung
Ziele / Inhalte	Ideenproduktion, Entwicklung von Vorschlägen, Problemlösungen
Sozialform	Kleingruppe oder Plenum
Dauer	20–30 Minuten
Vorbereitung / Materialien	Moderationsmaterial für jede Gruppe: Kärtchen (von einer Farbe), Stifte, Wandzeitungspapier, Pinnwand (oder Fußboden-Moderation), Nadeln, Kleber, Kreppband.
Durchführungshinweise	Für die Durchführung des Brainstormings ist eine präzise Leitfrage zu formulieren. Die Ideen werden mit der Moderationsmethode/Karten-Technik gesammelt (eine Idee pro Kärtchen). In den Gruppen ist dabei auf die Einhaltung folgender Grundregeln zu achten: Jede Idee ist erlaubt – je kühner desto besser. Quantität geht vor Qualität. Klare Trennung von Ideenentwicklung und Bewertung. Nach dem ersten »Gehirnsturm« die Karten anpinnen und weiter sammeln. Die Ideen anderer Teilnehmer/innen aufgreifen und weiterentwickeln. Keine Killerphrasen. Nach dem Sammeln werden die Karten nach Schwerpunkten geordnet, mit Überschriften versehen und ggf. durch die Gruppe oder das Plenum bewertet (per Mehrpunktabfrage).

WERKZEUGKASTEN

Büchertisch

Methodentyp	Informationsvermittlung
Ziele / Inhalte	Präsenz zahlreicher Nachschlagewerke zur Vertiefung der Problematik
Sozialform	Plenum
Dauer	Während der gesamten Werkstattarbeit
Vorbereitung / Materialien	Beschaffung von Literatur und Info-Material in der Vorbereitungsphase
Durchführungshinweise	Rechtzeitiges »Sammeln« von Literatur und Infomaterial; je nach Thematik bei Verbänden, Parteien, Organisationen ...

WERKZEUGKASTEN

Erfinderspiel

Methodentyp	Lockerungsspiel
Ziele / Inhalte	Auflockerung und Spiel, das kreative Kräfte weckt
Sozialform	Kleingruppe oder Zweiergruppen
Dauer	10-15 Minuten
Vorbereitung / Materialien	große Papierbögen, Stifte
Durchführungshinweise	Jeweils zwei Personen oder eine Kleingruppe denken sich ein überflüssiges technisches Problem aus, das mit einer speziell erfundenen Maschine bewältigt werden soll (z.B.: eine Auto-Streichel-Anlage, eine ökologische Ohr-Bohrmaschine usw.). Diese Maschine wird aufgezeichnet oder von einer/mehreren Personen szenisch (roboterhaft) dargestellt. Bei der Präsentation vor dem Plenum wird zunächst die Bedeutung des Problems witzig übertrieben dargestellt und dann die technischen Feinheiten der Maschine erläutert bzw. vorgeführt. Wichtig. Der Nonsensaspekt muss im Vordergrund stehen.

WERKZEUGKASTEN

Erwartungsabfrage

Methodentyp	Wortspiel
Ziele / Inhalte	Spielerische Klärung der vorhandenen Erwartungen der Teilnehmer/innen gegenüber der Zukunftswerkstatt
Sozialform	Plenum
Dauer	ca. 15–20 Minuten
Vorbereitung / Materialien	Wandzeitungspapier (Packpapier, Makulaturpapier); verschiedenfarbige, dicke Filzstifte; Klebeband; evtl. Pinnwände
Durchführungshinweise	Unter der Überschrift: Meine Erwartungen .... wird das Wort »Zukunftswerkstatt« in großen Druckbuchstaben auf die Wandzeitung geschrieben. Zu jedem Buchstaben gehört eine Spalte, in die nur Wörter geschrieben werden sollen, die mit dem betreffenden Buchstaben beginnen. Die Druckbuchstaben sollen daher ausreichend Abstand haben und können, damit es etwas lebendiger aussieht, z.B. »wellenförmig« angeordnet werden. Ihre Befürchtungen, Wünsche, Interessen usw. schreiben die Teilnehmer/innen dann als Stichworte (oder auch Halbsatz) in die dazugehörigen Spalten. Oft dauert es am Anfang ein wenig, bis die richtigen Worte gefunden werden – den Teilnehmer/innen also ruhig Zeit lassen. Am Ende dann die Wandzeitung gemeinsam anschauen und kurz auswerten.

WERKZEUGKASTEN

Früchtebaum

Methodentyp	Ästhetische Produktion
Ziele / Inhalte	Sammeln von Stärken, positiven Aspekten zum Thema. --> Positiven Fokus aufbauen --> Stützung der Umsetzungsphase
Sozialform	Kleingruppe oder Plenum
Dauer	40–50 Minuten
Vorbereitung / Materialien	Moderationsmaterial für jede Gruppe: runde oder ovale Kärtchen (verschiedene Farben), Stifte, Wandzeitungspapier, Pinnwand (oder Fußboden-Moderation), Nadeln, Kleber, Kreppband.
Durchführungshinweise	»Früchtebaum« ist eine Metapher für die positiven Seiten eines Themas. Gearbeitet wird in Anlehnung an die Moderationsmethode – also per Kartenabfrage. Die Kleingruppen oder das Plenum erhalten eine genaue Aufgabenstellung (»Echte Stärken am ..... sind nach meiner Einschätzung ....) und tragen dann auf runden oder ovalen Kärtchen die positiven Punkte zusammen. Auf Wandzeitungspapier wird ein entsprechend großer Baum mit Ästen, Blättern gemalt und die Kärtchen als Früchte hineingeklebt. Aus Platzgründen sollten die Teilnehmer/innen nur 2–3 Karten mit den für sie wichtigsten Punkten ausfüllen. Ggf. die einzelnen »Früchte« per Punktabfrage bewerten lassen. Präsentation im Plenum. In der Umsetzungsphase kann eventuell auf diese Ergebnisse zurückgegriffen werden.

WERKZEUGKASTEN

Gegenstands-Assoziationen

Methodentyp	Ideensammlung
Ziele / Inhalte	Ideenproduktion, Entwicklung von Vorschlägen, Problemlösungen durch willkürliche Kombination mit vorgegebenen Gegenständen
Sozialform	Kleingruppe
Dauer	20–30 Minuten
Vorbereitung / Materialien	Gegenstände oder Karten mit Gegenstandsbegriffen, Kärtchen, Stifte
Durchführungshinweise	Bei dieser Methode werden Gegenstände (Begriffe) nacheinander mit der Impulsfrage in freier Assoziation kombiniert. Beispiel: »Wie können wir unseren Klassenraum attraktiver gestalten?« Dazu die Gegenstände/ Begriffe (Kneifzange, Fahrradklingel, Klammer, Kugelschreiber, Tischtennisschläger usw.) nacheinander zeigen. Die Gruppe schreibt nun ihre Assoziationen, die ihr bei der spontanen Verbindung beider Aspekte kommen, auf Kärtchen oder gibt diese per Zuruf an den Moderator weiter. Sobald keine Ideen, Vorschläge usw. mehr kommen, wird der nächste Gegenstand/Begriff gezogen. **Wichtig**: Es kommt auf Schnelligkeit und »Menge« an. Eine Zensur findet nicht statt.

WERKZEUGKASTEN

Klagemauer

Methodentyp	Kartenabfrage
Ziele / Inhalte	Sammeln von Kritik, Defiziten, Beschwerden, Befürchtungen zum Thema. --> Dampf ablassen --> Katharsis-Funktion --> Ausgangsbasis für Phantasie- und Utopiephase
Sozialform	Kleingruppe oder Plenum
Dauer	50–70 Minuten
Vorbereitung / Materialien	Moderationsmaterial für jede Gruppe: Kärtchen (von einer Farbe), Stifte, Wandzeitungspapier, Pinnwand (oder Fußboden-Moderation), Nadeln, Kleber, Kreppband.
Durchführungshinweise	»Klagemauer« ist eine Metapher für Meckern, Motzen, die Klagen zum Thema loswerden .... Gearbeitet wird mit der Moderationsmethode – also per Kartenabfrage. Die Kleingruppen oder das Plenum erhalten eine genaue Aufgabenstellung (»Wenn ich an ... denke, dann missfällt mir vor allem .....) und tragen dann Beschwerden, Unzufriedenheiten, Kritiken usw. auf Kärtchen zusammen. Wichtig ist, dass **alle** Beiträge gesammelt und anschließend gemeinsam geordnet, zu Clustern zusammengestellt werden. Diese Cluster erhalten Kurzaussagen oder Oberbegriffe als Überschriften und werden von den Teilnehmer/innen gewichtet (Rangfolge per Punktevergabe erheben). Präsentation der Ergebnisse im Plenum.

WERKZEUGKASTEN

Kleingruppenarbeits-Poster

Methodentyp	Wandzeitung / Präsentationsposter
Ziele / Inhalte	Klärung von Arbeitsweisen und Regeln für die Gruppenarbeit
Sozialform	Plenum
Dauer	permanent
Vorbereitung / Materialien	Vorbereitete Wandzeitung (mit Wolken, dicken Stiften, Kärtchen und Ähnlichem gestalten).
Durchführungshinweise	Das Präsentationsposter liebevoll, übersichtlich und ästhetisch ansprechend gestalten. Hinweise auf den Arbeitsplatz (Pinnwand, Karten, Stifte, Kaffee ...) und die Arbeitsweise (z.B. 1. Jeder schreibt für sich. 2. Karten sammeln. 3. Karten gemeinsam ordnen/clustern. 4. Oberbegriffe gemeinsam finden. 5. Präsentation vorbereiten. u.Ä.) geben. Gesprächsregeln angeben. Z.B.: Keine Killerphrasen. Schriftlich diskutieren. Auf jede Karte nur ein Argument. 30 Sekunden Diskussionszeit einhalten. Pro Karte maximal 7 Worte oder 3 Zeilen in Druckbuchstaben usw. Das Poster soll zwecks ständiger Orientierungsmöglichkeit für die Teilnehmer/innen an einer gut sichtbaren Stelle im Raum aufgehängt oder als Miniposter in die Gruppen mitgegeben werden.

WERKZEUGKASTEN

Knotenlösen

Methodentyp	Lockerungs- und Bewegungsspiel
Ziele / Inhalte	Auflockerung aber auch gemeinsame Lösung eines Problems durch die Gruppe
Sozialform	Plenum
Dauer	5–10 Minuten
Vorbereitung / Materialien	Genügend großer Raum, 12–15 Teilnehmer/innen
Durchführungshinweise	Die Teilnehmer/innen bilden einen Kreis, alle strecken ihre Hände nach vorne aus. Auf ein Kommando machen alle mit geschlossenen Augen ein bis zwei Schritte in Richtung Kreismitte und ergreifen jeweils eine fremde Hand. Dabei ist darauf zu achten, dass niemand beide Hände einer Person hält. Es ist ein Knoten entstanden, der entknotet werden soll, ohne dass die Hände losgelassen werden dürfen. Manchmal entstehen ineinander verschlungene Kreise, die natürlich unentknotbar sind. Die Übung ist zu Ende, wenn alle Teilnehmer/innen wieder im Kreis stehen. (Nach: Erlebnispädagogik 1993, S. 68)

WERKZEUGKASTEN

Kreativer Spaziergang

Methodentyp	Ideensammlung
Ziele / Inhalte	Ideenproduktion, Entwicklung von Vorschlägen, Problemlösungen in entspannender Umgebung
Sozialform	Kleingruppe oder Zweiergruppe
Dauer	20–30 Minuten
Vorbereitung / Materialien	Kärtchen, Papier und Stifte
Durchführungshinweise	Bei dieser Methode werden die Teilnehmer/innen gebeten, während eines Spaziergangs weitere Ideen zur Impulsfrage zu sammeln. Sowohl das Gehen, als auch der Zusatzauftrag, die Gedanken und Ideen mit der schreibungewohnten Hand zu notieren, zielen darauf ab, die Ideenproduktion durch die Aktivitäten der rechten Hirnhälfte (ist für die Steuerung der linken Hand zuständig – Überkreuzschaltung) zu ergänzen und die stimulierenden Reize einer anderen Umgebung auszunutzen. Das Gehen in normalem Tempo unterstützt zugleich die Produktion von Gedanken.

WERKZEUGKASTEN

Mind Mapping

Methodentyp	Ideensammlung
Ziele / Inhalte	Ideenproduktion, Entwicklung von Vorschlägen, Problemlösungen
Sozialform	Einzeln, Kleingruppe oder Plenum
Dauer	15–20 Minuten
Vorbereitung / Materialien	Stifte, Wandzeitungspapier, DIN A3 od. DIN A4-Blätter
Durchführungshinweise	»Gemappt« wird auf ein **DIN A4-Blatt im Querformat**. Das Hochkantformat lenkt die Assoziationen unbewusst auf eine lineare, textorientierte Vorgehensweise. Das Querformat regt eher das bildhafte und gestaltende Abbilden der Gedanken an. Außerdem ist die Anordnung der verschiedenen Äste, die vom **zentralen Punkt der Fragestellung in der Mitte des Blattes** ausgehen, leichter. Und noch etwas: Im Hinblick auf Lesbarkeit und Lesegeschwindigkeit empfiehlt es sich, das Blatt während des Beschriftens nicht zu drehen. Als Schriftzeichen sollten **große und kleine Druckbuchstaben** verwenden werden. Das erhöht die Lesbarkeit und stellt gleichzeitig hierarchische Bezüge her (Hauptäste mit großen Druckbuchstaben versehen). **Pro Linie darf nur ein Wort** geschrieben werden. Dieser Akt der Selbstdisziplinierung ist notwendig, um möglichst präzise und prägnante Schlüsselwörter zu finden. Die Sinnträger in unserer Sprache sind vor allem die **Substantive**. Ihr Gebrauch wird im Mind Map vorrangig sein, ergänzt durch Verben und Adjektive. **Farben** heben hervor, sorgen für optische Unterscheidungen und »schmücken« das Mind Map. **Bilder** sind in der Regel informationsreicher als Worte und sind zudem eine gute Möglichkeit, das Mind Map einzigartig zu machen (z.B. auch durch dreidimensionale Darstellungen). **Symbole** und andere Zeichen eignen sich vor allem zur optischen Darstellung von Verbindungen und Zusammenhängen.

Aus: M. Kirckhoff: Mind Mapping, Berlin 1988, S.9

WERKZEUGKASTEN

Referate

Methodentyp	Informationsvermittlung
Ziele / Inhalte	Förderung des »relativen Spezialistentums« für die gewählte Ausgangsproblematik
Sozialform	Plenum
Dauer	Integriert in die Vorbereitungsphase
Vorbereitung / Materialien	Kopien der ausgearbeiteten Referate werden allen Teilnehmer/innen zugänglich gemacht.
Durchführungshinweise	Es empfiehlt sich, möglichst viele Teilnehmer/innen anzuhalten, sich durch Referate in die Problematik zu vertiefen. Referatstermine müssen zeitlich aufeinander abgestimmt sein.

WERKZEUGKASTEN

Spots in Movement

Methodentyp	Lockerungsspiel
Ziele / Inhalte	Auflockerung und Angstabbau durch verschiedene frei zu gestaltende Übungsinhalte.
Sozialform	Plenum
Dauer	10–15 Minuten
Vorbereitung / Materialien	Genügend großer Raum, eventuell schwungvolle Musik
Durchführungshinweise	Alle Teilnehmer/innen gehen kreuz und quer durch den Raum. Auf Anweisung des Leiters, oder wenn die Musik abgeschaltet wird, erfüllen die Teilnehmer/innen Aufgaben wie z.B.: möglichst viele Hände schütteln, zu zweit auf einem Stuhl stehen, sich in die Mitte des Raumes stellen, durch Schlamm und Morast waten, Redewendungen szenisch darstellen (jemanden auf Händen tragen, das Unterste zu oberst kehren usw.). Der Phantasie sind hier keine Grenzen gesetzt – einfach ausprobieren.

WERKZEUGKASTEN

Sprüchewand

Methodentyp	Permanente Wandzeitung
Ziele / Inhalte	Raum für anonyme Hinweise, Anmerkungen, Kritik, Sprüche, Assoziationen zum Thema -->Auflockerung --> Ventilfunktion
Sozialform	Plenum
Dauer	permanent
Vorbereitung / Materialien	Wandzeitungspapier (Packpapier, Makulaturpapier); verschiedenfarbige, dicke Filzstifte; Klebeband; evtl. Pinnwände
Durchführungshinweise	Die Sprüchewand an auffälliger, gut zugänglicher Stelle aufhängen und mit einer Überschrift versehen: Sprüche zur .... und was mir sonst noch so einfällt. Als permanente Wandzeitung können hier währen der gesamten Werkstattdauer Sprüche, Kommentare, Comics, Zitate u.Ä. gesammelt werden. Zu Beginn und auch zwischendurch auf die Sprüchewand hinweisen. Am Ende der Veranstaltung zur Auflockerung die Sprüche gemeinsam lesen oder laut vorlesen lassen

WERKZEUGKASTEN

»Ideen-TÜV«

Methodentyp	Feedback
Ziele / Inhalte	Rückmeldung zu den Planungsskizzen, Umsetzungsvorschlägen, Aktionen per Kurzgutachten --> Realisierungschancen abschätzen
Sozialform	Kleingruppe
Dauer	30–40 Minuten
Vorbereitung / Materialien	Papier und Stifte, Projektskizzen der Kleingruppen
Durchführungshinweise	Die Planungsskizzen werden jeweils an eine andere Kleingruppe weitergereicht mit der Bitte um Prüfung. Diese diskutieren die Vorschläge, spielen Vor- und Nachteile durch, entwickeln ein pessimistisches und optimistisches Szenario und fassen ihre »Analysen« in einem Kurzgutachten für die betreffende Gruppe zusammen. Diese überarbeitet die eigenen Planungen aufgrund der erhaltenen Rückmeldungen noch einmal. Leitgedanken: Sind die Planungen umsetzbar? Wo sind besondere Knackpunkte? Was wurde möglicherweise übersehen?

WERKZEUGKASTEN

Stimmungsbild

Methodentyp	Spontan-intuitives Zeichnen/Malen
Ziele / Inhalte	Eine Problemanalogie zeichnen oder malen. --> emotionalen Zugang zum Thema schaffen --> unbewusste Anteile visualisieren
Sozialform	Plenum
Dauer	10–15 Minuten plus Zeit für Auswertungsgespräche
Vorbereitung / Materialien	Papier (DIN A3 oder DIN A4), Wachsmaler, Bunt- und Bleistifte.
Durchführungshinweise	Das »Stimmungsbild« soll möglichst als Kritzelbild, also abstrakt, gezeichnet werden. Eine kurze Phantasie dient als Anleitung: »Schließt bitte die Augen und lasst im Geist eure gegenwärtige Situation an euch vorbeiziehen (kleine Pause ...). Konzentriert euch jetzt auf einen Aspekt, der eure Gefühle, Stimmungen, Empfindungen zum Thema xyz zusammenfasst oder kennzeichnet (...) Das Bild, das ihr gleich zeichnen sollt, soll spontan entstehen, sozusagen in einem Zug, ohne abzusetzen bzw. lange zu überlegen (...) Zensiert nicht, was ihr gleich zeichnet oder malt. Lasst es einfach geschehen (...) Versucht nicht vorher herauszufinden, wie die Zeichnung am Ende aussehen wird (...) Lasst eure Gefühle, Stimmungen, Empfindungen auf dem Papier einfach zum Vorschein kommen. Öffnet jetzt bitte wieder eure Augen und fangt sofort zu zeichnen an ...« Nachdem alle fertig sind: »Schaut euch euer Bild noch einmal kurz an und schreibt dann einen Satz dazu, der die Stimmung des Bildes für euch am besten ausdrückt« Danach werden alle Bilder wie in einer Galerie aufgehängt und von allen betrachtet. Wer will, äußert sich dazu (Fragen, Kommentare, persönliche Eindrücke usw.). Das Bildmaterial kann zum Ausgangspunkt weitergehender Analysen, Interpretationen gemacht werden. Genauso gut können die Bilder aber auch als Ausdruck einer emotionalen Momentaufnahme einfach so stehen bleiben und ihre Wirkung verströmen. Statt einer Vernissage können die Bilder auch einzeln von den Teilnehmer/innen vorgestellt und im Plenum besprochen werden. Leitfragen: Was hat der oder die Zeichner/in beim Malen gefühlt? Was sollte durch das Bild ausgedrückt werden? Wie wirkt das Bild auf andere? Welche Beziehungen lassen sich zum Thema herstellen? (Nach einer Idee von Betty Edwards in: Der Künstler in dir.)

WERKZEUGKASTEN

Werkstatt-Philosophie

Methodentyp	Wandzeitung / Präsentationsposter
Ziele / Inhalte	Klärung von Zielen, Inhalten, Phasen und »Philosophie« der Zukunftswerkstatt
Sozialform	Plenum
Dauer	permanent
Vorbereitung / Materialien	Vorbereitete Wandzeitung (mit Wolken, dicken Stiften, Kärtchen und Ähnlichem gestalten)
Durchführungshinweise	Das Präsentationsposter liebevoll, übersichtlich und ästhetisch ansprechend gestalten. Den Titel, das Motto (ggf.), die drei Phasen und ihre geplanten Inhalte sowie wichtige Aussagen zur »Philosophie« der Zukunftswerkstatt nennen. Das Poster soll zwecks ständiger Orientierungsmöglichkeit für die Teilnehmer/innen an einer gut sichtbaren Stelle im Raum aufgehängt werden. Es bleibt über die Dauer der gesamten Veranstaltung als permanente Wandzeitung hängen. Für den Moderator und für die Teilnehmer/innen besteht so die Möglichkeit, jederzeit eine Standortbestimmung vornehmen zu können und die weiteren Schritte zu rekapitulieren.

WERKZEUGKASTEN

Wozu ist das gut?

Methodentyp	Lockerungsspiel
Ziele / Inhalte	Auflockerung und Spiel, das kreative Kräfte weckt
Sozialform	Kleingruppe oder Plenum
Dauer	10–15 Minuten
Vorbereitung / Materialien	Kiste mit verschiedenen Gegenständen
Durchführungshinweise	Im Wettbewerb zwischen verschiedenen Gruppen oder jeder gegen jeden sollen verschiedene Gegenstände versteigert werden. Den Zuschlag für den Gegenstand erhält, wer bei dem gezeigten Gegenstand den phantasievollsten Nutzen oder Verwendungszweck nennen kann. Das Plenum entscheidet per Beifallskundgebung über die Vergabe. Wichtig: Darauf achten, dass der Wettbewerb nicht zu verbissen geführt wird. Das phantastisch-spielerische soll im Zentrum stehen.

WERKZEUGKASTEN

6-3-5 Methode

Methodentyp	Ideensammlung
Ziele / Inhalte	Ideenproduktion, Entwicklung von Vorschlägen, Problemlösungen
Sozialform	Kleingruppe mit 6 Personen
Dauer	30–40 Minuten
Vorbereitung / Materialien	DIN A4-Blatt, das in drei Spalten und sechs Reihen gegliedert ist, Stifte
Durchführungshinweise	Auf Kommando schreibt jede(r) der **6** Teilnehmer/innen jeweils **5** Minuten lang **3** Ideen zur jeweiligen Impulsfrage auf. Danach werden die Zettel im Uhrzeigersinn weitergegeben und alle Teilnehmer/innen schreiben in die zweite Reihe wiederum drei Ideen in fünf Minuten auf. Jede Idee ist erlaubt. Die Ideen der anderen dürfen/sollen aufgegriffen und weiterentwickelt werden. Nach sechs Runden kommen so in 30 Minuten 108 Ideen in jeder Gruppe zusammen. Die Papierbögen anschließend an einer Pinnwand aufhängen lassen und gemeinsam sichten. Mit Klebepunkten die interessantesten Ideen auswählen und weiterentwickeln lassen. Die Methode kann selbstverständlich auch als 3-3-6 oder 5-3-4-Methode durchgespielt werden.

Handlungsorientierter Unterricht

Endlich komplett: Die Methoden-Sammlung »Neues Lernen« für Praxis und Lehrerbildung in zwei Bänden. Eine bewährte Fundgrube für alle, die ihr Methodenrepertoire auf einen neuen Stand bringen wollen. Echte Arbeitsbücher für eine reflektierte und wirksame Praxis der Bildungsarbeit.

Günther Gugel
Methoden-Manual I: »Neues Lernen«

Tausend Praxisvorschläge für Schule und Lehrerbildung
(Neue Lehrerbildung und Schulentwicklung)
1997. 224 Seiten mit zahlr. Abbildungen. Broschiert.
ISBN 3-407-25186-6

»Neues Lernen« ist vielfach zu einem Schlüsselbegriff in Schule, Lehrerbildung und außerschulischer Bildungsarbeit geworden. Vor allem sind mit Neuem Lernen attraktive und aktivierende Methoden und Handlungsmodelle gemeint, die in kreative und handlungsorientierte Auseinandersetzungen mit Problemen, Themen und Situationen führen. Dieses Methoden-Manual bietet mit konkreten Anleitungen, Materialien und Hilfestellungen eine Fülle von einschlägigen Praxisvorschlägen an: z.B. Dritte Welt/Eine Welt, Menschenrechte, Ökologie etc. Das Methoden-Manual I ist eine Fundgrube für reflektierte und wirksame Praxis der Bildungsarbeit.

»Nach einer kurzen, aber sehr verständlichen Einführung in die Grundlagen methodischer Überlegungen werden dann die verschiedenen Methoden sehr konkret, genau und anschaulich dargestellt. Die über 50 Methoden werden dann im Register unter verschiedenen Gesichtspunkten (Informationen beschaffen, Handeln ermöglichen, Folgen vorausdenken, Entscheidungen treffen, Aussagen prüfen, Empfindungen formulieren etc.) aufgelistet. Eine wahre Fundgrube methodischer Möglichkeiten für jeden Unterricht. Von daher auch sehr hilfreich für die Schulpraxis.«
Schulmagazin 5 bis 10

Günther Gugel
Methoden-Manual II: »Neues Lernen«

Tausend neue Praxisvorschläge für Schule und Lehrerbildung
(Neue Lehrerbildung und Schulentwicklung)
1998. 224 Seiten mit zahlr. Abbildungen. Broschiert.
ISBN 3-407-25214-5

Ansprechende Methoden motivieren und befähigen Teilnehmer/innen zu einer kreativen, handlungsorientierten Auseinandersetzung mit Themen und Problemen:

- Bildorientierte Methoden
- Rollenspiele und Theater
- Plan- und Entscheidungsspiele
- Spurensuche und Erkundungen
- Audiovisuelle Medien
- Projektorientierte Methoden
- Umgang mit neuen Medien (z.B. Internet).

Die Methodenbeschreibungen werden ergänzt durch Arbeitsmaterialien, Kopiervorlagen und Erfahrungsberichte. Vielfältige Praxisbeispiele geben Einblick in die Chancen des Einsatzes. Die sorgfältige grafische Gestaltung macht den Band übersichtlich. Ein echtes Arbeitsbuch für Studierende, Lehrende und alle in der Bildungsarbeit Tätigen.

Beltz Verlag · Postfach 100154 · 69441 Weinheim